le Retour du Millionnaire

et ses enseignements secrets

Du même auteur et coauteur
chez Un monde différent

L'Ouverture du cœur: Les principes spirituels de l'amour incluant: *Le nouvel amour courtois*, Brossard, 2000, 192 pages.

Le Bonheur et autres mystères... suivi de *La Naissance du Millionnaire*, Brossard, 2000, 192 pages.

La vie est un rêve, roman autobiographique, Brossard, 2001, 208 pages.

L'Ascension de l'âme: Mon expérience de l'éveil spirituel, Brossard, 2001, 192 pages.

Le Testament du Millionnaire, sur l'art de réussir et d'être heureux, Brossard, 2002, 144 pages.

Les Principes spirituels de la richesse, suivi de *Le Levier d'or*, Brossard, 2005, 188 pages.

Le Millionnaire paresseux, suivi de *L'art d'être toujours en vacances*, Brossard, 2006, 240 pages.

Le Philosophe amoureux: L'amour, le mariage, et le sexe... au 21e siècle, Brossard, 2007, 192 pages.

Le Plus Vieux Secret du monde: Petit compagnon du Secret, Brossard, 2007, 176 pages.

Le Secret de la rose: Le dernier message du Millionnaire, Brossard, 2008, 192 pages.

L'Apprenti Millionnaire: le testament d'un homme riche à son fils manqué, Brossard, 2009, 192 pages.

Croyez en vous même si on vous trouve fou! suivi de *Le bonheur d'être moi*, Brossard, 2010, 160 pages.

Lettre à un ami malheureux ou La Quête du bonheur, Brossard, 2011, 272 pages.

Le Petit Prince est revenu..., Brossard, 2013, 320 pages.

Le Prophète et la femme seule: conte initiatique, Brossard, 2015, 192 pages.

Eliane Gamache Latourelle et Marc Fisher, *La Jeune Millionnaire et les secrets – parfois tristes – de son succès*, Brossard, 2014, 192 pages.

Eliane Gamache Latourelle et Marc Fisher, *La Jeune Millionnaire en affaires,* Brossard, 2015, 240 pages.

MARC FISHER

LE RETOUR DU MILLIONNAIRE

et ses enseignements secrets

UN MONDE DIFFÉRENT

Catalogage avant publication de Bibliothèque et Archives nationales du Québec et Bibliothèque et Archives Canada

Fisher, Marc, 1953-

Le retour du millionnaire : ses enseignements secrets

ISBN 978-2-89225-901-8

I. Titre.

PS8581.O24R47 2016 C843'.54 C2016-940506-0
PS9581.O24R47 2016

Adresse municipale :
Les éditions Un monde différent
3905, rue Isabelle, bureau 101
Brossard (Québec) Canada J4Y 2R2
Tél. : 450 656-2660 ou 800 443-2582
Téléc. : 450 659-9328
Site Internet : http://www.umd.ca
Courriel : info@umd.ca

Adresse postale :
Les éditions Un monde différent
C.P. 51546
Greenfield Park (Québec)
J4V 3N8

Dépôts légaux : 2e trimestre 2016
Bibliothèque et Archives nationales du Québec
Bibliothèque et Archives Canada
Bibliothèque nationale de France

Conception graphique de la couverture :
OLIVIER LASSER

Photocomposition et mise en pages :
ANDRÉA JOSEPH [pagexpress@videotron.ca]

Typographie : Fairfield LH 12,3 sur 14,9 pts

ISBN 978-2-89225-901-8

Financé par le gouvernement du Canada
Funded by the Government of Canada | Canada

Gouvernement du Québec – Programme de crédit d'impôt pour l'édition de livres et l'aide à l'édition – Gestion SODEC.

IMPRIMÉ AU CANADA

RECYCLÉ
Papier fait à partir de matériaux recyclés
FSC® C103567
www.fsc.org

*À Mel, ma muse, compagne infiniment
précieuse, qui fait deux choses nécessaires
dans ma vie de romancier : m'inspirer
et me laisser travailler à ma guise.
Un million de bises !*

*À ma fille Julia qui, un matin sur deux,
apporte sur mon bureau encombré
(si vous saviez !) un œuf à la coque,
pendant que je mijote une scène…*

*À petite mère, qui a eu 90 ans
le 1er avril 2016 : il faut le faire !*

*À W. qui, à son insu, m'inspira en partie
ce roman : en espérant que ça l'inspire
pour la suite du roman de sa vie.*

Remerciements

À Serge Beauchemin, « Sergio », pour le coup de chapeau…

À Michel Ferron, mon éditeur et néanmoins ami, pour ta confiance et surtout… ta patience !

À Manon Martel, pour les fous rires quotidiens, si utiles en la stressante aventure de ce livre…

À Olivier Lasser, pour la magnifique couverture, réussie du premier coup… de génie !

À David Bernard, qui eut l'amitié de me dire : « Appuie sur l'accélérateur en ton début ! »

À Lise Labbé, merveilleuse « polisseuse de manuscrits » de son état : sans prix !

À Isabelle Pépin, qui me signala si utilement quelques pépins…

À Eliane Gamache Latourelle, pour les encouragements en ce marathon quotidien…

À Christine Michaud, omniprésente par sa lumière…

À Majoly Dion, directrice stratégique aux si précieux conseils…

À Marie-Ève Tremblay, critique enthousiaste…

À Paméla Sauvé, qui sait lire puis dire les bonnes choses…

PREMIÈRE PARTIE

La Vie Ordinaire

1

Il était une fois un jeune homme qui se cherchait.

Il avait d'abord tenté, bien banalement, de réussir et d'être heureux.

Maintenant il cherchait plutôt à en finir.

Avec la vie.

Il est vrai qu'il avait eu une mauvaise journée.

Ou plutôt une mauvaise année. Précédée de… cinq autres mauvaises années ! Une sorte de série noire, si l'on veut.

Mais la journée de David de Bormes (c'était son nom) avait été particulièrement vilaine.

Jugez-en par vous-même !

Le matin, en entrant au bureau, il apprit qu'il était congédié. Il détestait son travail dans la salle de tri (lisez un *mail room*) d'une entreprise de construction, mais ce licenciement ne pouvait arriver à un pire moment.

Non seulement n'avait-il pas encore payé son loyer du mois, mais, la veille, il avait fait des folies.

Pour sa petite amie, Claudia.

Qu'il rencontrait le soir même, dans un restaurant qu'il trouvait déjà cher avant de se faire remercier de ses loyaux services.

Il lui avait donné rendez-vous à 19 h.

Il arriva à l'avance.

Elle arriva en retard.

Avec une mine fermée et une mauvaise nouvelle.

Qu'elle n'eut pas le choix de lui annoncer lorsqu'il lui offrit une bague de fiançailles et la demanda en mariage : elle le quittait. Pour un médecin. Parce que leur couple n'avait pas d'avenir. Et elle en voulait un. Avec une maison et des enfants. Elle ne croyait pas en ses rêves de comédien. Lui, de moins en moins.

À la sortie du restaurant, trop bouleversé, trop humilié, David vomit.

Découragé, il se fit pourtant philosophe.

Kierkegaard à sa manière (son philosophe préféré en passant, et d'ailleurs il lui ressemblait physiquement, avec son visage émacié, ses grands yeux, son front haut, ses cheveux abondants, les siens étaient non pas noirs, mais blonds cependant), il écrivit son propre traité (fort abrégé) du désespoir.

Il pensa d'abord, sans grande originalité – et pourtant il n'avait sans doute pas tort – qu'il aurait dû aller plus longtemps à l'école au lieu de rêver devenir un comédien riche et célèbre.

Les contes de fées, les histoires à la Walt Disney, peut-être que, justement, ce n'était tout compte fait que… des contes de fées, des histoires à la Walt Disney !

Un plus un égale deux !

Il faut dire que c'était un rêve fort répandu autour de lui, une sorte de maladie du siècle : si peu de gens de sa génération en mouraient, presque tous en étaient atteints, comme les animaux de la fable célèbre de La Fontaine.

Dans ses variantes les plus extrêmes, qui dépassaient de beaucoup le simple fait de vouloir être connu, il y avait ce qu'on pourrait appeler le syndrome de Victor Hugo qui, à 14 ans, lança au monde ce cri resté notoire : « Je serai Chateaubriand ou rien. »

(Chateaubriand était le plus grand écrivain de son temps.)

Mais il était déjà... Victor Hugo!

Ça ne nuisait pas sans doute, dans l'équation de sa folle ambition.

Il se demanda: *Quelle mouche (stupide et dangereuse) m'a donc malicieusement piqué?*

Pourquoi diable ne puis-je me contenter d'une vie simple?

N'avoir d'autre ambition que... de vivre!

Prendre les choses comme elles viennent...

(Enfin pas comme elles venaient ce jour-là, bien entendu, où il aurait dû assurément rester couché!)

Ne pas laisser l'ambition me dévorer...

Oui, pourquoi ne puis-je commodément me contenter d'une vie, d'un métier ordinaire? Même si c'est comédien que j'aurais aimé...

Après tout, continua-t-il de raisonner, *le grand philosophe Spinoza était polisseur de lentilles de son état, métier modeste, s'il en est.*

Einstein, avant les années de gloire, se contentait d'être un petit fonctionnaire mal payé à l'Office des Brevets de Berne, tâche peu épuisante intellectuellement.

Pourquoi ce désir de grandeur, de gloire, de fortune?

Peut-être parce que, finalement, malgré toutes nos révoltes, toutes nos espérances et tous nos efforts, même les plus méritoires, une vérité proverbiale demeure: *tel père, tel fils*! Le fruit ne tombe jamais loin de l'arbre.

Son père avait raté sa vie: il était un comédien raté.

Et pour un homme, la plupart du temps, hélas, même un homme très intelligent, rater sa carrière ressemble à rater sa vie: c'est blanc bonnet, bonnet blanc.

Pourtant, il y aurait eu pour lui tellement d'autres choses à faire, s'il avait su. Mais il n'avait pas su. Justement. D'où le drame.

Il n'avait eu que de petits rôles, mal payés, et encore pas de manière régulière.

On dit que nos rêves nous gardent en vie.

C'est une pensée bien réconfortante.

Mais lorsque l'ambition excède le talent – ou alors qu'on est totalement dépourvu de ce minimum de chance nécessaire à tout succès –, ce sont ces mêmes rêves qui nous tuent.

Bouleversé par cette rupture, il conservait un peu de sens pratique.

La pauvreté fait ça : il faut de l'argent pour ne penser qu'aux sentiments.

2

« Désolé, lui dit le bijoutier, un homme plutôt grand, plutôt maigre et qui devait bien avoir passé 60 ans, en lui rendant l'inutile bague de fiançailles. Je ne peux pas vous en offrir plus que 200 $, et encore… C'est parce que vous avez une bonne tête et que je ne voudrais surtout pas trop exalter le chagrin que vous avez sans doute. Elle a dit non ? »

— Oui. Elle a dit non. Mais vous me l'avez vendue 900 $ pas plus tard qu'hier. Et elle ne l'a pas portée.

— Je ne sais pas si elle l'a portée ou pas. Mais il reste que c'est une bague usagée. Je suis trop honnête pour ne pas le déclarer à mes clients. »

Le jeune homme accepta les 200 $ que lui tendit le bijoutier avec un sourire imperceptible.

Il y avait, juste à côté du bijoutier, une petite librairie, comme il en reste peu en cette ère de grandes chaînes et de petites passions vraies pour les livres : les bibelots et les chandelles se vendent tellement mieux, sans compter les boîtes de chocolat Godiva !

Dans la vitrine de la petite librairie, qui avait de sympathiques allures préhistoriques, une affichette se dressait, fière de son message philosophique et rare, à côté de la biographie de Steve Jobs.

On y avait agrandi sa dernière lettre, qu'on pouvait voir à côté d'une photo touchante de lui, en jaquette d'hôpital, amaigri, quasi cadavérique, quelques semaines avant d'être emporté prématurément par son second cancer à l'âge de 56 ans.

David de Bormes n'avait jamais été plus que modérément intéressé par la vie et l'œuvre du célèbre cofondateur d'Apple.

Pourtant, comme si le hasard était parfois un grand philosophe, une envie irrésistible de lire cette lettre s'empara de lui, même s'il avait l'esprit ailleurs, vraiment ailleurs et le cœur battant la chamade. Écrite en gros caractères, comme si la Vie voulait lui interdire l'excuse de la myopie pour ne pas la lire, elle livrait cet aveu désormais d'outre-tombe :

« J'ai atteint le sommet du succès dans les affaires. Aux yeux des autres, ma vie a été le symbole de la réussite. Pourtant, en dehors du travail, j'ai eu peu de joie. Enfin, ma richesse n'est rien de plus qu'un fait auquel je me suis habitué… »

Le jeune homme plissa les lèvres.

Profond et triste, ce testament spirituel.

Mais s'adressait-il vraiment à lui qui n'avait même pas connu de joie au travail ?

En plus il était pauvre comme… Job, et non pas riche comme Steve Jobs !

Ce dernier poursuivait : « En ce moment, allongé sur le lit d'hôpital et me rappelant toute ma vie, je me rends compte que tous les éloges et les richesses dont j'étais si fier, ont été transformés en quelque chose d'insignifiant devant la mort imminente. »

La mort imminente, pensa le jeune homme…

Qui voulut se rendre au bout de la lettre.

« Dans l'obscurité, quand je regarde les feux verts de l'équipement de la respiration artificielle et que j'entends le bourdonnement de ses sons mécaniques, je peux sentir le souffle de la proximité de la mort qui m'attend.»

La mort…

Le souffle de la mort…

Le jeune homme pensa…

Qu'est-ce qui me retient de continuer à vivre au fond…

Le travail ?

L'amour ?

L'argent ?

Mes parents ?

Il devait répondre non à ces quatre questions…

La vitrine de la librairie était aussi ornée de livres sur l'amour.

Il y en eut un qui retint son attention, fort ancien, un classique à la vérité, *L'Art d'aimer*, d'Ovide.

Il avait entendu dire que c'était une sorte d'art de la guerre, mais pour amoureux, et que malgré son antiquité, ses conseils de drague étaient encore actuels… et opératoires. Ce qui avait un sens vu que prétendument l'amour est éternel.

Il esquissa un sourire ravi.

Voilà de quoi il avait besoin pour reconquérir sa petite amie !

Il gratta le fond de ses poches, en retira tout ce qui lui restait de menue monnaie, parvint à acheter le petit traité antique.

Il l'ouvrit au hasard, lut ce passage, que l'on retrouve au début, sorte de précaution oratoire du poète fameux: « Enfin le désir de la gloire est, pour le génie, un puissant mobile, et l'amour de la louange un germe fécond. L'éclat de la renommée, de la réputation me séduisait autrefois quand un vent propice soufflait dans mes voiles... »

Lui, avait-il jamais eu cette chance tant recherchée, du reste annoncée par tant de marchands d'illusion, de diseuses de bonne aventure, de voir... « un vent propice souffler dans ses voiles », soulever sa chevelure si abondante?

En lisant ces mots, le jeune ressentit un choc.

Il croyait sans y croire et sans en connaître le nom (mais une rose, même appelée autrement, demeure une rose ainsi que l'a sagement rappelé Shakespeare) en la bibliomancie, cette « science » divinatoire qui promulgue qu'en ouvrant un livre et en lisant un passage au hasard, on y lit ainsi le message qui nous est destiné, que c'est ainsi que la Vie, ou les anges ou notre maître intérieur s'adressent à nous, car nous faisons la sourde oreille aux autres signes qu'ils multiplient pourtant sur notre chemin.

Un autre texte qui lui parlait de la vanité de la gloire.

De la gloire qu'il avait tant souhaitée...

Ne devait-il pas comprendre le message que la Vie tentait de lui envoyer?

En repassant devant la vitrine de la bijouterie, le jeune homme vit le bijoutier, souriant de sa bonne fortune, qui remettait la bague qu'il lui avait revendue à vil prix, avec une insolente affichette qui spécifiait son prix: 900 $!

Le même qu'il avait payé!

Nouveau camouflet du destin.

Un autre l'attendait.

Sa vieille mais increvable Honda Civic ne démarrait pas.

Il s'y reprit par trois fois, la supplia, comme s'il agissait d'un être humain. Et parfois, il avait la conviction, même absurde, qu'elle avait un caractère, presque une âme, *a mind of it's own*, comme disent les Américains.

Oui, il l'implora de ne pas le laisser tomber, pas après que sa fiancée démissionnaire (pour cause de jardin plus vert dans la cour de son rival médecin) l'eût justement laissé tomber.

Rien n'y fit.

À croire qu'il y avait une véritable conjuration contre lui, une conspiration plus malicieuse et opératoire qu'il ne le croyait.

Une dépanneuse s'arrêtait à côté de sa Honda rouillée qui ne ressemblait guère à la rutilante Porsche dans laquelle sa fiancée l'avait fui, au bras de son médecin : il l'avait suivie jusqu'à la porte du resto trop dispendieux, avait tout vu. Avait tout de suite eu envie de vomir sa vie. De raté.

Dans sa hâte de se faire rembourser pour la bague dédaignée, il avait négligemment garé sa Honda dans une zone interdite.

Le conducteur de la dépanneuse lui accorda un délai de grâce.

Mais la Honda rouillée restait revêche.

Au bout de trois minutes et des poussières, le remorqueur, qui avait fumé une cigarette en attendant et maintenant l'éteignait, expliquait qu'il avait autre chose à faire : le jeune homme, résigné, sortit de sa vieille Honda, et en claqua avec tant d'humeur la portière que son miroir tomba. En regardant le type emporter sa vieille Honda, il pensa que c'était toute sa vie qu'il emportait avec lui.

Il lui restait quoi, à la vérité ?

Sinon que des rêves brisés ?

La Vie ne lui envoyait-elle pas un message ?

Haut et clair.

Parfois, dans les moments les plus sombres de l'existence, il suffit d'une petite contrariété de plus, d'une déception supplémentaire pour que tout bascule...

3

David de Bormes attacha une grosse corde à une poutre dans son minable trois pièces et demie.

Sous la poutre, il avait disposé deux chaises.

Une qui lui servait en quelque sorte d'autel, et où il avait posé la plus belle photo de sa « fiancée ».

L'autre pour y monter.

Et en finir.

Devant elle.

Absente pour toujours.

Il y grimpa, plaça autour de son cou le nœud qu'il avait fait du premier coup.

Comme s'il s'y était exercé toute sa vie.

Il repensa à sa fiancée, se remémora, les yeux pleins d'eau, la première fois qu'ils avaient fait l'amour. Dans son romantisme, il était certain que ce serait pour toujours.

Il regarda les affiches de ses inutiles et au fond nuisibles idoles, le jeune Al Pacino, le jeune Marlon Brando, le jeune (qui ne vieillit jamais puisqu'il se tua dans la fleur de l'âge dans sa Porsche) James Dean.

Il les salua comme des amis qu'on salue sur le quai d'une gare, assis dans un train qui s'éloigne à tout jamais, amis inaccessibles dont il ne rejoindrait jamais les rangs, car eux étaient devenus célèbres : lui ne le serait jamais. Ainsi en avait décidé le sort.

Mais au dernier instant, juste avant de sauter en bas de la chaise ou de la faire basculer commodément, une idée inattendue le retint.

Il voulait relire une dernière fois la lettre d'adieu que son père lui avait écrite avant de s'enlever la vie.

Cinq ans plus tôt.

Elle était brève, et il l'avait lue et relue tant de fois qu'il la savait par cœur. Pourtant il voulait la relire, parce qu'elle était écrite de la main de son père, et que c'était au fond tout ce qui lui restait de lui : son père ne lui avait laissé en héritage que des dettes.

Il retira son cou du nœud fatal.

Retrouva sans peine la lettre dans le tiroir unique de sa table de chevet.

> *« Mon fils, j'ai tout raté, car je n'ai pas compris le film que je te laisse comme une bouteille qu'on lance à la mer. »*
>
> Le film, c'était *Being There*, traduit en français par *Bienvenue Mister Chance*, et son personnage, ce jardinier excentrique et un peu simple d'esprit.
>
> La lettre se poursuivait ainsi :
>
> *« Alors regarde-le et comprends : il faut vivre au présent ! Je sais que, comme moi, tu veux devenir comédien. C'est tout sauf un métier facile. C'est même la vocation du malheur. Je manquais peut-être de talent, j'avais peut-être trop mauvais caractère, ou une mauvaise étoile. Mais on ne se refait pas. Pourtant, ne refais pas la même erreur que moi. Est-ce si important à la fin le métier qu'on aura exercé ? Si le prix à payer pour connaître le succès, représente des dizaines et des dizaines d'années de frustrations, de privations, d'humiliations et en somme de malheurs, le jeu en vaut-il la chandelle ?*

« Écoute et réécoute Being There *!*

« Comprends le message du jardinier !

« On se revoit, si tu réussis cet exploit. On se revoit dans le présent de l'éternité.

« Je t'aime plus que tout au monde, plus que tout au monde, j'ai tout raté sauf toi, et je sais que, à cause de moi, tu risques de tout rater à ton tour. Car par amour, par obéissance aveugle, on imite ceux qui sont venus avant nous, notre père, notre mère, notre seule vraie patrie. Mais le monde, et tu m'en excuseras, je ne pouvais pas, je ne pouvais plus… »

Le jeune homme replia la lettre, la rangea dans le tiroir duquel il l'avait tirée, remonta sur la chaise.

Se remit la corde au cou.

Mais, au dernier moment, il pensa qu'il devait peut-être écouter une dernière fois *Being There*.

Pour plaire à son père.

Il ouvrit une bouteille de mauvais vin, la seule qu'il lui restait, mit le film.

Mais s'endormit en l'écoutant.

4

Le lendemain, à sept heures du matin, on frappa à sa porte.

« Qui peut bien se pointer à cette heure… ? », pesta le jeune homme en consultant sa montre après s'être réveillé en sursaut.

Puis tout de suite il pensa, ravi, que c'était sa fiancée qui avait changé d'idée et lui revenait, repentante.

Impatient d'entendre pareille musique de sa bouche, il passa à toute vitesse à la salle de bain, se donna trois coups de peigne, se rinça sommairement la bouche, et courut répondre, se préparant déjà à réciter les formules de son pardon : il comprenait, il était prêt à passer l'éponge, tout le monde pouvait faire une erreur, la seule chose qui comptait était leur amour : pour le sceller, ils iraient tout de suite se marier à Vegas !

Mais c'était son propriétaire, un septuagénaire maigre et pas commode.

Qui lui réclamait le loyer du mois.

En retard de deux semaines déjà.

« Je vais de ce pas à la banque !

— J'attends. »

Le jeune homme n'avait pas vraiment le choix.

Mais il se rappela seulement à ce moment que sa voiture avait été remorquée la veille et que donc il était à pied.

Il arriva en nage à la banque, ayant marché à toute vitesse, eut maille à partir avec le guichet automatique.

Non seulement refusa-t-il de lui donner l'argent qu'il lui demandait, mais il avala sa carte.

Il se mit à maugréer.

À l'intérieur de la banque, une sympathique caissière lui expliqua que son compte était à découvert et que c'était pour cette raison que sa carte avait été retenue.

Mais dès que vous déposerez votre chèque de paie, demain, tout va rentrer dans l'ordre, on vous redonnera une autre carte.

« Je ne pourrai pas le déposer.

— Hein ?

— J'ai perdu mon emploi, et pour ce qu'ils me doivent ça va attendre un mois.

— Oh, je vois, je suis vraiment désolée. Mais attendez, j'ai une idée : pourquoi vous n'allez pas voir mon beau-frère au Ritz ? Il est directeur, il s'appelle Gérard Hoffmann. Dites-lui que vous venez de ma part. »

Elle lui remit sa carte.

« Oh merci... Merci beaucoup. »

Il appréciait vraiment : il lui semblait qu'il y avait une éternité que personne n'avait été gentil avec lui. En tout cas de récente mémoire. Et la sienne était excellente, en fait exceptionnelle.

5

Le Ritz...

Impressionnant.

Surtout quand on y entre pour la première fois, qu'on aimerait mieux porter un costume plus élégant, avoir plus d'argent, des amis influents.

Mais lorsqu'on n'a aucun des trois, il faut faire avec.

Le Ritz, hôtel bien fréquenté s'il en est, dont le premier fut fondé à Paris, Place Vendôme, par César Ritz, de nationalité suisse, même si, à 15 ans, il fut renvoyé de son emploi d'apprenti sommelier dans un hôtel par son docte patron qui, lui... ne passa pas à l'histoire ! Pour lui « rendre service », il crut bon d'assortir son congédiement de ce morceau de sagesse : « Tu n'arriveras jamais à rien dans le monde de l'hôtellerie. Ça prend un talent spécial, un flair, et je crois qu'il faut que tu saches la vérité : tu n'as ni l'un ni l'autre. »

Pourtant quelques années plus tard, on allait dire de lui qu'il était l'hôtelier des rois et le roi des hôteliers ! Comme quoi, il ne faut pas toujours se fier à l'opinion des spécialistes, même s'ils sont plus vieux et plus expérimentés que nous : ça ne les guérit pas forcément de leur imbécillité !

Soit dit en passant, César Ritz eut l'originalité et la bonne idée d'être le premier à mettre une salle de bain dans chaque chambre, ce qui est banal aujourd'hui. Et à comprendre que les gens fortunés voulaient non seulement être bien logés, mais aussi bien manger : son associé n'était nul autre qu'Auguste Escoffier, le père de la cuisine française moderne ! *Qui se ressemble s'assemble* !

Le Ritz...

Où bien des gens se rendaient pour pouvoir dire... qu'ils étaient allés au Ritz ! La veille. Ou qu'ils y dînaient. Le lendemain.

Où bien des gens allaient pour voir des gens.

Et se faire voir par des gens.

Qui voulaient se faire voir par des gens.

Il y a les habitués, et même des gens qui, un peu à l'instar de la plus célèbre des locataires de l'hôtel (parisien) Coco Chanel, pour ne pas la nommer, y habitent carrément à longueur d'année et n'en sortent que pour prendre leurs vacances ou voyager.

Il y a aussi les voyageurs fortunés, les gens d'affaires, ceux qui s'y marient ou y tiennent leur bal de fin d'études...

Le jeune homme n'appartenait à aucune de ces catégories, beaucoup s'en fallait, si bien qu'il se sentit tout de suite inconfortable, et la paume de ses mains devint humide, son cœur déjà fragile se mit à palpiter.

Il n'avait pas, mais alors là vraiment pas l'habitude des endroits chics.

Il en avait peut-être rêvé parfois – et même souvent –, mais il n'avait jamais eu les moyens de les fréquenter.

Il vit devant lui des clients offrir de l'argent au portier qui les accueillait, des pourboires, évidemment.

Il eut un moment d'hésitation.

Essuya discrètement – et mécaniquement – la paume humide de ses mains sur la jambe droite de son pantalon.

Enfin il s'avança.

Eut un mouvement de recul – comme presque tous les clients à leur première expérience de ce « spectacle » – lorsqu'il aperçut de plus près le visage du portier.

On l'appelait monsieur Guy, mais son nom complet était Guy Armand Lepage. Il ressemblait à s'y méprendre à César Borgia, modèle, comme chacun sait, du prince dans le livre du même nom de Machiavel. Malgré sa laideur, sa voix nasillarde et haut perchée, ses cheveux raides et trop noirs qui le faisaient ressembler à une corneille, sans compter son nez d'aigle, les clients l'aimaient. Sa disgrâce de naissance avait développé en lui une ruse et une acuité psychologique sociale qui faisaient merveille : à quelque chose malheur est bon !

Il savait comment les riches aimaient être traités et avait vite découvert qu'ils ont tous l'originalité de vouloir… se sentir uniques ! Et en tout cas importants. Plus importants que tous les autres clients. Et que les habitait la peur constante qu'on pût croire qu'ils n'étaient pas de vrais riches, même si plus souvent qu'on n'y croit ils ne l'étaient vraiment pas.

Monsieur Guy sourit et accueillit le nerveux jeune homme en disant, bizarrement :

« Bienvenue au Ritz, cher baron Rothschild ! »

Cher baron !

Et Rothschild de surcroît !

Il le prenait visiblement pour un autre client qui lui ressemblait.

Ou alors il s'adressait à quelqu'un derrière lui.

Qu'il ne vit pas en se retournant.

Ça le fit sourciller, ce titre inopportun.

Mais sembla plaire à une très ravissante jeune femme de 18 ans, une véritable déesse blonde, avec un front haut, un nez légèrement retroussé qui lui donnait un air coquin, et d'immenses yeux bleus dont le regard affichait beaucoup de tristesse.

Moulée dans un simple jogging noir, de vieilles espadrilles aux pieds – mais des Coco Chanel, tout de même dont on pouvait voir le double C sur le flanc extérieur – elle ne portait aucun maquillage, comme pour tenter de diminuer l'effet de sa beauté, qui pourtant restait extrême, et attirait l'attention.

Oui, la jeune femme semblait ravie d'entendre ce titre, pourtant faux. Est-ce parce qu'elle était une véritable aristocrate, elle, la princesse Clara Visconti de son nom, de la vieille noblesse italienne ?

Elle descendait régulièrement au Ritz, en fait chaque fois que son amant extravagant, une rock star new-yorkaise trois fois mariée, deux fois divorcée, donnait des spectacles en ville.

Elle esquissa un sourire à l'endroit du jeune homme.

Qui le lui retourna à demi sans trop savoir pourquoi. Il venait de comprendre que l'usage était de donner un pourboire au portier.

À Rome, il faut vivre comme un Romain…

David fouilla dans sa poche, espérant trouver de la menue monnaie, mais le seul billet qu'il en tira était une coupure de 20 dollars.

Monsieur Guy referma sa main sur le billet et se contenta de dire, en inclinant la tête obséquieusement :

« Merci, monsieur le baron ! »

Monsieur le baron (fauché) attendit qu'on lui rendît la monnaie de son billet.

Car il était exclu qu'il donnât un pourboire de 20 $ pour qu'on lui ouvrît une porte qu'il aurait fort bien pu ouvrir lui-même sans problème : après tout, ce n'était pas la porte d'un coffre-fort !

Mais le portier, voyant son hésitation, s'inclina encore plus profondément en disant, un sourire malin aux lèvres :

« Merci BEAUCOUP, monsieur le baron. »

Le jeune homme comprit qu'on venait de le soulager contre son gré de 20 dollars (avec lesquels il aurait pu survivre avec du beurre d'arachide, du pain, du café et du Kraft Dinner pendant au moins une semaine, ce qui n'était certes pas à négliger dans sa situation !) et qu'il ferait gaffe à l'avenir.

En tout cas si jamais il remettait les pieds au Ritz !

Il esquissa un salut timide en direction de la princesse Visconti qui semblait attendre quelqu'un et continuait de le regarder, avec une sorte d'admiration, comme si elle sentait son chagrin, et que par conséquent il devenait ipso facto un membre de sa famille : ceux qui sont malheureux malgré leur richesse et leur beauté.

Remis – ou à peu près – de sa contrariété, le jeune homme s'avança dans le hall d'entrée.

Repéra, sur sa gauche, le comptoir de la réception.

Mais jeta un dernier coup d'œil vers la princesse.

Pour vérifier si, par extraordinaire, elle le regardait encore.

Ce qui était le (mystérieux) cas.

Secrètement ravi (lui, un parfait raté plaisant à une femme si jolie qui de surcroît fréquentait le Ritz), il ne regarda pas devant lui, et fonça dans un chasseur qui transportait vers la porte d'entrée deux énormes malles Gucci.

Il rougit, bafouilla une excuse, reprit son expédition plus périlleuse qu'il ne croyait vers la réception où il annonça au concierge, filiforme et blême, qu'il souhaitait voir M. Hoffmann.

« Vous avez rendez-vous ?

— Euh non.

— Alors ça me paraît difficile. Il faut prendre rendez-vous. »

Le jeune homme tendit la carte que lui avait remise la caissière.

Le concierge la regarda, dodelina de la tête, fit enfin :

« Attendez ! »

Il passa un coup de fil au directeur, eut avec lui une brève conversation. Raccrocha et expliqua au jeune homme :

« Si vous voulez bien patienter quelques minutes…

— Ah, merci ! »

Le jeune homme explora les lieux, impressionné par le luxe, les dorures, les appliques au mur et au plafond.

Face à la porte d'entrée entre le célèbre salon Or, et le hall, il y a un bar, avec un piano à queue.

Comme il était encore tôt, le bar n'était guère fréquenté, mais il y avait tout de même quelques clients.

Qui attendaient que leur chambre soit prête.

Que leur taxi arrive.

Il y avait aussi des gens d'affaires, qui préféraient s'y retrouver plutôt que d'être dans la salle à manger.

David y aboutit.

Vit le piano.

Et une vieille dame qui s'appelait Violette Rose – ses parents avaient le sens de l'humour, ou ne l'avaient pas, c'est selon – assise juste à côté, qui sirotait un café, ses beaux yeux verts perdus dans le passé.

Un piano…

Il y avait des années que David de Bormes n'en avait pas touché un.

En fait depuis la mort de son père.

Et même si les circonstances ne s'y prêtaient pas, et que personne ne l'y avait invité, il s'y assit.

Et joua la dernière pièce qu'il avait jouée.

La pièce qui était la préférée de son père.

Et qu'il avait exécutée à son enterrement, la si belle et fraîche et mystérieuse *Arabesque nº 1* de Debussy.

Des clients s'approchèrent, surpris, enchantés par ce début de concert improvisé.

Parmi eux se trouvait la princesse Visconti, qui semblait ravie, et surtout émue.

Non seulement le baron était-il beau comme un dieu, romantique à souhait, mais en plus il avait l'âme musicienne !

Comme son amant rock star.

Mais en plus raffiné, forcément.

Inquiété, et craignant qu'on ne lui reprochât cette liberté matinale, le jeune homme préféra cesser de jouer.

Et se leva, prêt à fuir cette attention inattendue.

La vieille dame assise près du piano en prit ombrage ou pour mieux dire s'en chagrina :

« Ah ! vous arrêtez déjà ?

— Je… je ne voudrais surtout pas…

— Mais non, continuez ! La vie sans musique est tout simplement une erreur… »

Il se remit à jouer. À la fin elle l'applaudit (et d'autres clients aussi, dont la princesse Visconti), et lui avoua :

« Vous me rappelez mon fils.

— Il jouait du piano ?

— Oui, il était pianiste. Mais il a mal fini. Il est mort à 40 ans. Un suicide.

— Un chagrin d'amour ?

— Non, une erreur.

— Une erreur ?

— Oui. De ma part. J'ai refusé de lui prêter de l'argent. Après lui en avoir passé, je ne sais plus combien de fois. Je croyais que, à 40 ans, il était temps qu'il vole de ses propres ailes. Mais il était encore un enfant, un rêveur. Mon mari est mort une semaine après dans un accident d'auto. Mais je suis sûre que ce n'était pas un accident… Il voulait me punir, et aller le rejoindre…

— Oh je… je suis sincèrement désolé…

— Mais je ne vois pas pourquoi je vous embête avec mes vieux chagrins. Surtout à 10 heures du matin, au Ritz, où il n'y a supposément que des gens beaux et heureux. »

David n'eut pas le temps de lui répondre.

Le concierge arrivait pour le prévenir que le directeur était prêt à le recevoir.

6

« Vous avez de l'expérience dans le domaine ? », lui demanda le directeur devant lequel le jeune homme était assis, dans un bureau assez vaste, et décoré avec faste.

Gérard Hoffmann était un sexagénaire à la mine plutôt sévère, aux lèvres minces, avec, sur un immense nez recourbé, de grosses lunettes noires qui durcissaient encore son regard, qu'il avait autoritaire.

« Euh, non, admit le jeune homme.

— Jamais travaillé dans un restaurant, ou un bar ?

— Non plus.

— Déjà travaillé avec le public, au moins ? Par exemple comme vendeur ?

— Non plus…

— Vous êtes diplômé en quoi ?

— Rien.

— Écoutez, il n'y a pas beaucoup de postes ouverts en ce moment. Il y aurait bien un poste de groom, ou si vous voulez de chasseur, mais il faut de l'expérience avec le public, nous avons, vous vous en doutez, une clientèle triée sur le volet.

— Je suis sûr que je pourrais le faire. J'ai besoin de travailler. »

Le directeur hésitait. Regardait le jeune homme, la carte de visite de sa belle-sœur.

« Écoutez, je retiens votre candidature, dès qu'un poste s'ouvre, je vous fais signe et… »

Mais il n'eut pas le temps de finir sa phrase.

Un homme flamboyant et basané, sapé comme un roi, entrait en trombe dans son bureau, suivi d'un petit homme chétif au visage soucieux qui se trouvait être le comptable du Ritz.

L'homme flamboyant était un client ulcéré qui, ayant passé deux semaines au Ritz, dans une fort belle suite, contestait le montant de sa facture.

Il se mit à vociférer toutes sortes de menaces et d'injures. Mais en italien, si bien que le directeur n'y comprenait rien. L'italien du comptable n'était guère mieux, et il s'empressa de résumer au directeur l'objet du litige. Le client prétendait qu'il ne devait que 27 000 $ au Ritz, la comptabilité lui réclamait 35 000 $, écart assez important pour justifier semblable querelle.

Sans qu'on lui eût demandé son aide ou son avis, le jeune homme prit l'initiative de s'adresser en italien au client ulcéré. Qui l'écouta religieusement. Et, en conclusion, tira de son portefeuille sa carte American Express noire.

Un sourire fin aux lèvres, le jeune homme se tourna vers le directeur et lui dit :

« Vous pouvez lui facturer le plein montant.

— Fort bien », dit le comptable, qui fit main basse sur la carte de crédit inespérée et fit signe au client de le suivre.

Dès que les deux hommes eurent quitté le bureau, le directeur, vivement impressionné, s'empressa de demander au jeune homme :

« Vous lui avez dit quoi ?

— Que votre fille était mariée à un Gambino de New York.

— Un Gambino de New York ?

— Oui, de la célèbre famille calabraise de la mafia.

— Ah ! je vois. Vous avez appris l'italien où ?

— J'ai vécu dans cinq familles d'accueil. Il y en avait une qui était italienne.

— Vous parlez d'autres langues ?

— L'espagnol, l'anglais, et je baragouine l'allemand. »

Il en parlait cinq et aurait quasiment pu dire, après Charles Quint, car il parlait les mêmes langues que lui : « Je parle allemand à mes chiens, anglais à mes laquais, italien aux oiseaux, français avec les femmes et je converse en espagnol avec Dieu.

— Vous êtes phénoménal !

— Pas autant que Charles Berlitz, qui en parlait 30, mais je suis encore jeune…

— Vous auriez dû me dire ça avant.

— Vous ne m'avez pas posé la question.

— La moitié de notre clientèle est internationale. Et l'autre fait semblant de l'être. Vous êtes prêt à commencer quand ? »

7

L'initiation du jeune homme se fit aisément.

Avec son étonnante mémoire de comédien (même raté), il apprenait à toute vitesse, on n'avait jamais à lui répéter deux fois la même chose. Un client lui disait son nom une fois, il ne l'oubliait pas. La fois suivante, il lui souhaitait la bienvenue au Ritz en l'appelant par son nom, ce qui lui valait quasi invariablement de généreux pourboires.

Un peu comme l'avait pressenti le directeur, son don des langues rendit David rapidement indispensable pour pouvoir débrouiller certaines situations, éviter certaines irritations ou simplement servir d'interprète pour des clients qui parfois parlaient anglais certes, qui est la langue internationale, mais avec un accent si fort qu'ils restaient incompréhensibles.

Un soir, le directeur de l'établissement le convoqua de toute urgence à son bureau.

Il pensa qu'il avait fait sans s'en rendre compte une gaffe et qu'on allait lui annoncer son congédiement.

Il se trompait.

« J'ai vraiment besoin de vos services de polyglotte, et avec un petit extra, lui dit Gérard Hoffmann.

— Un petit extra ?

— Vous allez voir, ce n'est pas désagréable. »

8

Lorsque David de Bormes entra dans le bureau du directeur, ce dernier débouchait en tremblant un flacon de Prozac.

Il prit un comprimé, puis, après une hésitation, un second, qu'il fit passer avec une grande gorgée d'eau, entreprit de refermer le tube, mais se ravisa au dernier moment, le tendit vers David en proposant :

« Vous en voulez un ?

— Euh non, merci. Peut-être un peu plus tard. Selon ce que vous allez me dire. »

Malgré la teneur de la convocation à son bureau, qui n'avait rien de menaçant, il conservait une inquiétude, craignait un licenciement.

Le directeur referma le tube, expliqua :

« Clara Visconti est dans tous ses états, expliqua-t-il. Sa rock star de copain new-yorkais lui a fait faux bond et elle est en pétard. Elle veut annuler le bal qu'elle a organisé pour une de ses amies, peintre de métier. On attend 300 personnes.

— Oui, je sais, tout le personnel est sur les dents. Mais on ne peut pas tout annuler comme ça.

— Quand on est une princesse, on peut tout.

— Est-ce qu'elle sait que l'hôtel va être obligé de lui facturer quand même ?

— Elle s'en fout.

— Alors, quel est le problème ?

— Le problème est qu'on ne pourra exiger aucune somme !

— Mais puisque vous dites que… »

Le directeur lui coupa la parole.

« Quand elle vient ici, elle descend parfois pendant deux semaines dans la suite royale à 7000 balles par nuit.

Cette chambre, qui s'étendait sur 4000 pieds carrés, comptait 4 salles de bain, une femme de chambre en permanence, un promeneur de chien et un masseur sur demande, avait été rebaptisée suite Grimaldi en l'honneur du prince de Monaco, qui avait accepté de venir avec sa femme célébrer les 100 ans du Ritz montréalais, avec 300 invités triés sur le volet, juste des VIP ou des gens qui avaient été prêts à payer le gros prix (15 000 $ par tête, 25 000 $ pour un couple, une aubaine !) en échange d'un cachet symbolique de 5 millions d'euros, et de 7 chambres pour son personnel sans lequel il ne se déplaçait jamais.

Le directeur poursuivit sa tirade :

« On ne peut pas courir le risque de l'irriter et qu'elle change d'hôtel. En plus, elle nous apporte beaucoup de clients qui savent qui elle est. Si elle annule, on va être obligés d'aller porter les 3000 canapés et les 300 plats que le chef a préparés aux sans-abris ou à la Maison du Père.

— J'en suis vraiment désolé, mais je ne vois pas en quoi je peux aider l'hôtel.

— Je vous explique. Quand elle m'a convoqué en catastrophe à sa suite pour me dire qu'elle annulait tout, elle m'a dit qu'il y aurait une seule raison pour laquelle elle tiendrait quand même le bal. C'est si le baron de Rothschild acceptait de l'accompagner.

— Mais je ne suis pas le baron de Rothschild ! protesta David de Bormes, ahuri.

— Je le sais, je le sais ! Mais depuis qu'elle a entendu monsieur Guy vous appeler ainsi pour vous soutirer un gros pourboire, elle n'en démord pas ! En plus, elle vous a surpris au piano et elle dit que vous jouez comme un dieu. Elle a appris entre les branches que vous parliez plusieurs langues alors pour elle c'est évident que vous avez eu l'éducation d'un prince même si vous travaillez comme chasseur au Ritz. En plus quelqu'un m'a répété qu'elle avait dit que vous étiez un très mauvais menteur, que si vous n'étiez pas d'une famille noble, vous n'auriez pas fait la gaffe de mettre la particule "de" dans votre nom : David de Bormes. »

Lui de famille noble alors qu'il avait connu… cinq familles d'adoption !

Elle était bonne, celle-là !

« Si j'étais baron, pourquoi je travaillerais au Ritz ?

— Je sais, ça ne tient pas debout.

— Mais vous ne lui avez pas dit que je n'étais pas le baron de Rothschild ?

— Pour brûler ma dernière chance qu'elle n'annule pas le bal ? »

Il y avait là une logique dans l'absurde, devait convenir David de Bormes, qui pourtant dodelinait de la tête avec un découragement certain.

Ce malentendu était vraiment bizarre et prenait des proportions inattendues.

« Une question, reprit le directeur. Vous savez danser ?

— Euh oui, et même assez bien, à la vérité. Ma mère a… enfin avait une école de danse.

— Génial. Alors c'est oui ?

— Est-ce que j'ai vraiment le choix ?

— Non. »

La réplique avait la vertu d'être lapidaire, mais infiniment autoritaire, et sans doute David l'aurait-il trouvée drôle s'il n'en avait pas fait les frais.

« Seul petit détail – il espérait peut-être que ça le libérerait de cette corvée dont il n'était pas tout à fait certain cependant qu'elle lui déplaisait complètement – je n'ai rien, mais alors absolument rien à me mettre sur le dos pour aller à un bal. »

Loin de se laisser débouter par cette objection, le directeur, un fin sourire aux lèvres, dit :

« Suivez-moi ! Je vais vous arranger ça. »

Quinze minutes plus tard, David de Bormes était absolument magnifique, digne d'une princesse en fait, dans un smoking qui lui allait comme un gant.

Il n'y avait que les souliers de cuir verni qui… ne lui allaient pas comme un gant, mais alors là pas du tout, car ils étaient beaucoup trop grands.

Mais David ne fit pas la fine bouche.

Il les noua plus serrés : il se débrouillerait.

Il se contemplait dans une glace cependant que le directeur l'examinait avec circonspection, dans la salle où étaient entreposés les vêtements destinés aux clients qui ne pouvaient respecter le *dressing code* de certains événements ou aux voyageurs infortunés ayant constaté que leurs malles ne les avaient pas suivis d'un avion à un autre, dans leur escale vers Montréal : même la première classe ne vous met pas à l'abri de tous les inconvénients !

Gérard Hoffmann, pour sa part, semblait perplexe.

« Il manque quelque chose, décréta-t-il, une profonde ride lui traversant le front. Mais je ne sais pas quoi ?

— Je n'ai pas plus l'air d'un baron qu'il y a 15 minutes.

— Non, non, non, détrompez-vous ! Un baron a l'air d'un baron tant et aussi longtemps que tout le monde croit qu'il est un baron.

— Vous auriez pu être politicien.

— Je sais, j'ai perdu des millions. Je suis trop honnête. (Une pause). Bon, comment faire pour en passer une à cette princesse… »

David sourit.

Le directeur ne lui avait jamais inspiré une grande affection, mais sa lucide ironie et sa rouerie lui semblaient sympathiques à la fin.

Gérard Hoffmann l'examinait, à la recherche du morceau manquant dans le puzzle qui préviendrait le naufrage de son Titanic de la semaine, et, enfin, tel Euclide dans sa baignoire, du moins selon la légende, il s'écria :

« Eurêka !

— Eurêka ? Vous m'inquiétez.

— *Poker Paste.*

— *Poker face* ? »

Il connaissait comme tout le monde la chanson de Lady Gaga.

« Non, *Poker... Paste.* »

Sans en dire davantage, le directeur ouvrit alors un des tiroirs d'une grande armoire où différents accessoires étaient rangés et en tira un contenant métallique rouge et noir.

« Gel *Poker Paste* pour homme de L'Oréal, Force 7.

— Force 7 ? », balbutia David, non sans une certaine appréhension.

Dont le directeur ne tint pas compte. Il désigna une chaise droite, ordonna à David :

« Asseyez-vous ! »

Le directeur aussitôt, avec la sûreté que seule donne l'expérience, s'affaira sur sa blonde tête.

« Vous êtes sûr de ce que vous faites ? vérifia David.

— Ne craignez rien : j'étais barbier avant de renoncer à mon vrai rêve d'avoir un empire comme mon idole Vidal Sassoon, mais bon, on ne fait pas toujours ce qu'on veut dans la vie.

— Je sais...

— Vous n'aimez pas votre travail ici !

— J'adore !

— Moi aussi. *Welcome to the club !* »

Cinq minutes plus tard, il se regarda dans la glace.

Il y découvrit son nouveau *wet-look*.

« Qu'est-ce que vous en dites ? demanda le directeur.

— Je n'en vois pas l'utilité, honnêtement.

— Vous avez l'air plus italien. Dieu réside dans les détails. La princesse Visconti sera ravie.

— Si vous le dites.

— Ah oui, dernier détail, elle est capricieuse. Mais comme c'est une princesse, tout ce qu'elle vous demande, vous le faites.

— Vraiment tout ? »

Le directeur lui tapota la joue.

« Hé, il y a plein d'hommes qui seraient prêts à tuer pour être à votre place ! »

9

Au bal, dans le Salon Ovale, David ne fit pas une entrée triomphale.

Loin de là !

Il était d'une nervosité extrême.

C'était la première fois de sa vie qu'il allait dans un bal.

En plus un bal au Ritz !

Et au bras d'une princesse.

Devant ses 300 invités.

Ses souliers trop grands lui jouèrent un premier (mauvais) tour.

Il trébucha sur la dernière marche de l'escalier qui mène au Salon Ovale, faillit perdre l'équilibre, mais le retrouva in extremis, et fit suivre cette gaucherie d'un pas de danse si élégant et amusant que la princesse fut certaine que ce n'était qu'une petite comédie préméditée ayant pour seul but de la distraire.

C'était fort réussi, car elle rit aux éclats, applaudit même David de Bormes. Et ses invités l'imitèrent, un peu par complaisance et un peu, aussi, parce que c'était vraiment réussi comme mise en scène même si ce n'en était pas une.

Prévenue par le directeur du succès de sa démarche, elle avait pris soin – ce qui la consolait de s'être fait poser un lapin par son imprévisible amant – d'annoncer à ses invités que sa «*date*» était un baron, de la grande et ancienne famille Rothschild: elle savait se retourner ou quoi!

Tout le monde trouva qu'elle allait bien mieux avec lui qu'avec son amant, marié et déjà père de deux enfants: en plus, quelle femme peut penser sérieusement faire sa vie et surtout être heureuse avec une rock star pour qui la seule personne importante c'est «moi, moi, moi!» ou si vous préférez «*me, myself and I*»?

Et puis il était du même monde qu'elle: elle était princesse, il était aussi de la noblesse.

De plus, la princesse et le baron avaient le même âge ou presque alors que son rocker avait 20 ans de plus qu'elle: voilà qui était un précieux adjuvant amoureux.

Lorsque trop d'années vous séparent, eh bien, avec le temps, elles vous séparent vraiment.

Personne en tout cas ne se demanderait ce qu'ils faisaient ensemble puisqu'ils avaient tout pour l'être. Comme tout semblait les rapprocher, rien ne pourrait les séparer.

Comme les couples – même faux – se forment vite dans l'esprit des gens!

Pour qui la princesse Visconti et David de Bormes semblaient sortis en droite ligne d'un film de Walt Disney.

Les 300 invités, tous choisis avec le plus grand soin, les admiraient, échangeaient des prédictions quant à leur avenir, les croquaient sur le vif avec leur cellulaire.

Le directeur qui assistait discrètement à l'événement clignait des yeux, ravi: non seulement la soirée ne serait-elle pas annulée, mais elle serait un succès assuré.

Ce couple «parfait» inaugura le bal de manière un peu drolatique.

Avec ses souliers trop grands, David marcha sur la robe longue de la princesse.

Qui faillit tomber.

Comme il avait failli le faire dans l'escalier.

Il la rattrapa in extremis, lui fit faire une arabesque, l'arabesque nº 1, non pas de Debussy, mais de leur premier bal.

Impromptu. Imposé. Absurde en apparence.

Alors, même s'il n'avait pas été bien longtemps à l'école, et avait redoublé plusieurs de ses classes, vu qu'il avait fait 10 écoles en 7 ans, en raison de la guerre de Cent Ans entre ses parents et de ses 5 fausses familles adoptives, il pensa à cette réflexion de Jean de La Fontaine dont il connaissait par cœur toutes les fables: «On rencontre sa destinée par des chemins qu'on prend pour l'éviter.»

Il éprouva la tentation irrésistible de serrer la princesse Visconti contre lui.

Comme il aurait aimé serrer Claudia.

Il le fit.

Il sentit son corps contre le sien.

Elle sentit son corps contre le sien.

Il respira son parfum.

Elle respira sa sueur citronnée.

Pour elle aussi enivrante que la sueur des gladiateurs dans la Rome ancienne. Que des marchands astucieux vendaient à fort prix. À leurs admiratrices.

À un moment – qui arrive toujours dans les films et aussi dans la vraie vie, souvent plus belle qu'au cinéma, surtout si on a l'œil ouvert et le bon : les sages diraient le troisième œil ! – ils se regardèrent pour une première fois les yeux dans les yeux.

Émus, excités – le champagne qui coulait à flots ne nuisait pas à leur émoi ! – presque tous les invités pensèrent qu'ils allaient s'embrasser.

Pour la première fois.

Eux aussi peut-être pensèrent la même chose.

Mais David fit virevolter élégamment la princesse et elle n'eut d'autre choix que de se remettre à danser.

Malgré cette petite déception, cette torture savante, tout le monde se mit à applaudir.

« Pourquoi, moi ? », finit par demander David même s'il le savait, le directeur lui ayant tout expliqué : il voulait l'entendre de son aristocrate bouche.

— Je sais qui tu es.

— Oui, je… le directeur m'a raconté, tu crois que je suis un baron, de la famille Rothschild, mais ce n'est pas vrai. Je suis sans le sou, je vis dans un trois et demie cinq fois moins grand que ta suite. Mon père était tout sauf un aristocrate. C'était un comédien raté qui s'est suicidé quand j'avais 16 ans. J'ai tenté de suivre ses traces. Mais je n'ai jamais décroché que des rôles de troisième ordre. »

La princesse Visconti esquissa un sourire amusé et dit :

« Je comprends que tu n'aies jamais décroché que des rôles de troisième ordre : tu es un très mauvais comédien.

— Pourquoi je mentirais ?

— Pour cacher qui tu es vraiment. Je t'ai *googlé*. Je sais pourquoi tu travailles ici.

— Pour pouvoir payer mon appartement.

— À Venise, à Monaco, à Paris ?

— Sur le Plateau-Mont-Royal.

— Royal, oui, c'est le mot ! Je sais que tu es vraiment un Rothschild. Que ta famille a des intérêts dans le Ritz. Et que le Ritz connaît des difficultés. Ton père et tes frères t'ont demandé de venir espionner la direction en te faisant passer pour un simple groom.

— As-tu déjà pensé écrire des contes pour enfants ? J'ai déjà trouvé le titre : les contes incroyables de la princesse Visconti.

— Embrasse-moi !

— T'embrasser ? Mais je croyais que tu avais déjà quelqu'un dans ta vie.

— Il a déjà quelqu'un dans la sienne. »

Le jeune homme esquissa un sourire, se pencha lentement vers la princesse, mais au dernier moment, il préféra ne pas l'embrasser.

Malgré ses yeux.

Malgré ses lèvres.

Malgré ses seins annoncés dans le décolleté de sa robe de bal, signée Versace. (Elle soignait son image, ou plutôt encourageait ses amis. Ou leurs héritiers depuis le triste assassinat du célèbre couturier devant sa résidence floridienne de South Beach.)

La chose était que le cœur de David de Bormes était encore tout empli du souvenir de Claudia, son amoureuse fugitive.

Pour faire diversion, le groom crapaud transformé malgré lui en faux baron, entraîna sa belle et pétillante compagne (comme le champagne dont elle régalait insouciamment ses 300 invités) dans un nouveau pas de danse.

Elle ne protesta pas.

Elle aimait presque autant la danse que l'amour.

Mais elle aimait aussi les défis.

Et elle détestait être seule la nuit.

Aussi à la fin du bal, demanda-t-elle au jeune homme de la suivre dans sa chambre.

« Mais on se connaît à peine », objecta-t-il.

Il pensait encore à sa fiancée, bien sûr, et pensait aussi, et pensait surtout aux règlements fort stricts du Ritz en cette matière, et même si le directeur lui avait pour ainsi dire donné carte blanche, sa licence allait-elle jusque-là ?

« Est-ce qu'il y a une meilleure manière de se connaître que de passer la nuit ensemble ! », dit finement la princesse.

Et, ayant décrété cette demi-vérité, elle regarda ses souliers. Pas ses escarpins. Ceux, trop grands, de son compagnon de danse. Et elle eut un petit sourire coquin et rêveur, si ce n'est gourmand.

Ah non ! pensa David, qui roula les yeux : *elle croit que, chez les hommes, grand pied annonce grand zob*.

Non pas qu'il ne fût pas bien pourvu à ce chapitre, mais la promesse était… grande !

« On monte ? fit-elle.

— Je te rejoins dans cinq minutes, il y a les règlements…

— Oui, bien sûr, les règlements, cher baron », fit-elle en lui décochant un clin d'œil qui disait tout de leur rendez-vous.

10

Deux minutes plus tard, la princesse lui ouvrit.

La porte.

Puis les bras.

Puis son lit.

Lui, lorsqu'il la vit laisser tomber sa robe de bal, il oublia Claudia, ou se rappela qu'il était un homme, malgré ses déboires sentimentaux.

Il lui fallut lui rendre la politesse, se dévêtir à son tour.

La princesse sourit : il tenait tout à fait la promesse de ses souliers trop grands.

Ravie, elle se félicitait de son insistance.

Dans la grande suite royale, cette nuit-là, la suite des choses fut divine, même si c'était la première fois, et que souvent elle déçoit même si on ne le dit pas.

On aurait dit qu'ils étaient ensemble depuis toujours.

Et pour toujours.

Le matin, il ne la trouva pourtant pas à côté de lui dans l'immense lit de la suite Grimaldi.

Il trouva cependant sur son oreiller en plume d'oie encore parfumé de l'odeur de ses cheveux, un mot de sa main (écrit dans un français qu'il trouva surprenant sous la plume d'une Italienne) : « Cher baron au pas ailé, compagnon de danse idéal, j'ai dû voler vers Rome dans l'avion de maman qui a deux mots à me dire. Les nouvelles vont vite, il faut croire. Votre princesse pour la vie, Clara Visconti. »

Elle avait orné sa signature de l'empreinte de ses lèvres généreusement peintes de rouge.

La lettre, quoique charmante et assez bien tournée, ne parlait pas de la suite (précise) des choses entre eux.

Comme s'il n'y en avait pas.

Ce qui était plus que probable.

D'accord, elle avait écrit : votre princesse pour la vie...

Mais David pensa que c'était une formule creuse et fausse, comme lorsque, pour la ménager, on dit à une femme qu'on quitte : je t'aimerai toujours, je ne t'oublierai jamais, alors qu'on ne l'aime plus depuis longtemps, car on pense depuis longtemps à une autre.

David savait raisonner. Ce qui lui permettait, du moins le croyait-il, de prévoir l'avenir. Clara Visconti, belle comme le jour, et riche à craquer, avait beau croire, par quelque quiproquo, gracieuseté des bizarreries du hasard, qu'il était un Rothschild, et donc immensément riche, et en tout cas du même monde qu'elle, la vérité était qu'il n'était rien du tout. Juste un obscur comédien raté et fauché qui travaillait comme chasseur au Ritz en attendant de décocher un rôle hypothétique.

Le jeune homme haussa les épaules.

Se remémora quelques morceaux choisis de la nuit.

Dont il aurait pu faire une anthologie.

Regarda l'heure. Il était déjà huit heures moins cinq !

« Merde ! »

Pas le temps de se doucher !

Il revêtit son smoking et descendit à toute vitesse.

Dans l'ascenseur, il regarda ses souliers (trop grands) et sourit en se rappelant le sourire ravi de la princesse lorsqu'il s'était dévêtu.

Il s'absorba dans ses pensées.

Qui comme malgré lui le ramenaient toujours à elle.

Cette charmante et drôle et un peu folle princesse Visconti.

La première chose qu'il se dit fut... qu'il ne fallait pas qu'il tombe amoureux d'elle !

Elle finirait forcément par apprendre la vérité à son sujet, qu'il était tout sauf membre de la noblesse.

Ce n'était qu'une question de temps...

Et alors elle le quitterait...

Comme Claudia l'avait quitté.

Elle le jetterait comme un vieux soulier... trop grand ou pas !

Ne pas tomber amoureux d'elle.

Telle devait être sa devise nouvelle.

Il pensa en tout cas que la Vie était pleine de surprises.

Elle lui en réservait une autre, qui allait changer sa vie à tout jamais.

11

Dès qu'il sortit de l'ascenseur, il nota qu'une grande fébrilité régnait dans le hall d'entrée.

Quelque chose se passait.

Le comptoir de la réception se trouvait juste devant l'ascenseur. Le concierge, qui s'y trouvait, prévint David :

« Ne t'approche pas ! Il y a un fou qui tente de s'en prendre au millionnaire.

— Les 125 millionnaires que l'ex-premier ministre a invités à déjeuner dans le Salon Ovale pour leur rappeler qu'il les avait aidés à devenir riches pendant qu'il était au pouvoir ?

— Non, LE millionnaire !

— Ah ! j'en ai entendu parler, mais je n'ai jamais eu la chance de le rencontrer. »

Et malgré l'avertissement du concierge, par curiosité, ou peut-être parce qu'il devait rencontrer son destin par un chemin que, pour paraphraser le fabuliste fameux, on lui déconseillait de prendre, il se dirigea vers le hall d'entrée.

« David, n'y va pas, il est armé ! »

12

Distingué et surprenant dans son smoking matinal, le cheveu mal coiffé, une barbe de la veille sur ses joues creuses, le regard encore tout brillant de ses éblouissements de la nuit, David de Bormes s'avança.

Il vit un homme d'une vingtaine d'années qui était passé inaperçu parmi les clients du Ritz, car il était cravaté élégamment : il tendait un couteau à cran d'arrêt vers un homme d'environ 70 ans, d'une prestance remarquable et qui portait une rose à sa boutonnière.

Ça doit être le millionnaire, pensa le jeune homme.

Il était accompagné d'un gamin blond de six ou sept ans qui avait l'air d'un véritable ange, et qui était vêtu exactement comme lui, avec un costume à fines rayures grises, une chemise et une cravate blanches, ce qui était du meilleur effet. Et les deux portaient des espadrilles blanches, ce qui faisait un contraste surprenant et amusant avec le reste de leur tenue beaucoup moins sportive.

En outre, il tenait dans sa main gauche une petite mallette dorée, de forme rectangulaire, mais avec des sortes d'ailes aux extrémités, qui aurait pu servir de sac à main fantaisiste à quelque artiste pop.

David de Bormes se fraya aisément un chemin parmi les clients terrorisés dont plusieurs étaient paralysés par la peur tandis que d'autres fuyaient.

Il fut bientôt assez proche de la scène pour entendre ce que disait le voyou au millionnaire :

« Ton portefeuille et ta montre, grand-papa ! Tout de suite ! »

Le millionnaire, qui conservait un calme surprenant, comme s'il ne se sentait pas du tout menacé par le voyou, défit lentement sa montre.

C'était une magnifique Rolex en acier inoxydable, une Daytona 6263 Albino, modèle fort rare qui en outre avait une histoire.

« Vous faites une très bonne affaire. C'est une montre de collectionneur qui a appartenu à Eric Clapton.

— Eric Clapton, le musicien célèbre ?

— Vous avez deviné ? En effet, je l'ai payée 505 000 $ chez Sotheby's. En plus, détail remarquable, elle… donne l'heure juste. »

David s'étonna une fois de plus du calme du millionnaire et de son sens de l'humour en semblable circonstance.

Le voyou, qui se réjouissait de ces détails, même s'il n'était pas certain de leur véracité, eut un geste d'impatience.

« Mais je vous préviens, précisa le millionnaire avant de lui remettre le précieux objet, elle est extrêmement lourde.

— T'inquiète pas, grand-papa, je *benchpresse* 123 kilogrammes. Ça devrait suffire pour soulever ta montre de merde qui n'est même pas en or lourd. »

Pourtant, il s'avéra un peu mystérieusement que la montre l'était. Trop lourde. En tout cas, la main du voyou s'affala comme si le millionnaire venait d'y poser un boulet de canon. Si bien que le voyou, médusé, ne put la garder.

Il grimaça. Il n'y comprenait rien.

Peut-être, dans sa nervosité (ses mains tremblaient, la nervosité et la cocaïne aidant), l'avait-il simplement échappée.

Le millionnaire, poète et philosophe de son véritable état, commenta ainsi la chose :

« Il est difficile de garder ce qui ne nous appartient pas. Et parfois c'est préférable ainsi : en ne nous donnant pas le cadeau que l'on souhaitait, la Vie nous fait un cadeau, le seul qui convient vraiment à notre main.

— Heille, ta philosophie à cinq cents, tu peux la garder pour toi », fit le voyou.

Il se pencha, tenta de récupérer la montre. Mais il en fut incapable. Elle lui paraissait simplement trop lourde. Ou bien son bras était nouvellement débile, vu l'émotion de tenter de voler un millionnaire au Ritz. Un millionnaire qui, de surcroît, était LE millionnaire.

Ce dernier fit un signe au gamin.

Qui aussitôt se pencha et ramassa la montre sans difficulté, comme si elle n'était pas plus lourde qu'une montre tout à fait normale.

Contre toute attente, avec une politesse surprenante qui avait quelque chose d'ironique et en tout cas d'infiniment supérieur, le millionnaire lui fit alors signe de la remettre au voyou.

Le gamin obéit.

Mais le voyou la trouva aussi inexplicablement lourde que la première fois et la laissa tomber de nouveau, ce qui n'était pas pour flatter son ego.

Il émit un juron.

Ce phénomène curieux fit sourire certains clients, malgré le côté spectaculaire de la chose, d'autres arrondissaient les yeux, ébahis, regardaient le millionnaire, le prenaient pour un hypnotiseur.

Certains riaient, des Nippons filmaient tout avec leur Nikon.

D'autres clients, plus banalement, avec leur cellulaire.

Le voyou, lui, ne la trouvait pas drôle et, insulté, crut que le millionnaire ou le gamin voulait lui faire la leçon.

Il donna un coup de pied sur la montre de 505 000 $, qui glissa sur le plancher. Personne n'osa la ramasser. Comme si elle était enchantée. Ou frappée par un mauvais sort.

« Alors file-moi ton foutu portefeuille ! vociféra le voyou.

— J'ai deux nouvelles au sujet de mon portefeuille : une bonne et une mauvaise. La bonne est qu'il contient 10 000 dollars. La mauvaise est qu'ils proviennent de la Banque de Dieu.

— Je me fous que ces 10 000 dollars proviennent de la Banque de Dieu ou pas.

— Mais Dieu ne s'en fout pas. Si tu ne mérites pas cet argent, il te brûlera les doigts. Je te préviens.

— Allez, file-le… »

Le millionnaire lui remit son portefeuille, et le premier soin du voyou fut évidemment de vérifier s'il avait dit vrai au sujet de la bonne nouvelle, c'est-à-dire qu'il contînt 10 000 $.

Le millionnaire n'avait pas menti. Le voyou n'avait jamais vu autant d'argent comptant.

Quand ses vols de dépanneur lui rapportaient 2000 $, c'était le Pérou : les gens étaient rendus minables, payaient un paquet de chewing-gums de deux dollars avec leur carte de guichet ou de crédit : le métier de voleur n'avait pas d'avenir. Il lui faudrait se recycler commodément comme conseiller financier ou politicien ! D'autres, moins doués que lui, l'avaient fait, et avec grand succès.

Il sourit d'aise. Ne put résister à la tentation de palper, avec le pouce de la main dans laquelle il tenait le portefeuille, les billets, tous des billets de 100 : l'uniforme couleur brune ne mentait pas, et l'enchantait.

Mais son sourire se transforma vite en grimace.

L'argent lui avait brûlé le pouce comme l'en avait prévenu le millionnaire.

On aurait dit qu'il venait de toucher le Buisson ardent que, dit-on, Moïse vit un jour de grande révélation.

Il échappa aussitôt le portefeuille, comme il avait laissé tomber la montre d'une lourdeur inexplicable.

De nombreux billets de 100 dollars en sortirent, formant un éventail de fortune, mais l'idée de le ramasser ne traversa l'esprit de personne.

Les Japonais par contre les photographiaient, comme s'ils venaient d'apercevoir un ovni.

Le millionnaire plissa les lèvres comme un professeur qui déplore la défiance d'un élève. Le gamin dodelinait de la tête avec l'air de dire : il aurait dû écouter le millionnaire.

Et il alla ramasser le portefeuille sans se brûler les doigts et sans que le millionnaire ne le lui demandât. Mais au lieu de faire comme avec la montre, il ne le remit pas au voyou mais au millionnaire.

Ulcéré, le voyou menaça :

« Tu es un magicien, hein, c'est ça ?

— Tout le monde est magicien, voyons !

— Pas moi ! Alors c'est toi qui vas ordonner à cet argent de ne plus me brûler les doigts, sinon je tranche la gorge de ton petit serviteur de merde. »

Et ce disant, il s'était emparé du gamin, le retenait contre lui par les épaules, et pointait la lame de son couteau vers sa gorge, comme s'il s'apprêtait à le saigner.

Un peu bizarrement, comme s'il était empli de l'absolue certitude qu'aucun mal ne pouvait lui être fait, le gamin ne semblait pas plus nerveux que si c'était son propre père qui le serrait dans ses bras, et voulait juste l'amuser par quelque petite comédie aussi inoffensive que festive.

Pourtant, la mine du millionnaire, moins confiant en la sagesse du Grand Horloger du monde, s'assombrit.

Les choses prenaient une tournure vraiment inattendue.

Les clients du Ritz poussaient des cris.

C'est ce moment que choisit David de Bormes pour entrer en scène.

Faisant fi du danger, il s'avança vers le voyou, les bras grands ouverts, comme s'il retrouvait un vieux camarade de collège.

« Hey, *buddy*, comment vas-tu ?

— *Buddy* ? Mais on ne se connaît pas », fit avec un étonnement méfiant le voyou.

En plus des gens qui portaient un smoking à huit heures du matin et qui fréquentaient le Ritz, il n'en connaissait pas des masses, et même pas un seul.

Avec un large sourire, David continuait sur son audacieuse improvisation :

« Mais voyons ! On a été à l'école ensemble.

— J'ai quitté l'école à 13 ans.

— Moi aussi ! Tu ne te souviens pas ? Tous nos vols de voitures et de dépanneurs ? »

David de Bormes jouait la carte de l'audace, misait sur l'effet de surprise, si opératoire en bien des affaires.

Une carte d'autant plus audacieuse qu'il se rendit alors compte qu'il la jouait avec un homme aux yeux vitreux et striés de rouge, et donc visiblement sous l'influence de la drogue ou de l'alcool. Il en était certain, il avait trop souvent vu ces yeux dans le visage beau, mais torturé de son père.

« Viens que je te serre dans mes bras ! », insista David.

Il est fou, pensa le voyou, *ce type qui porte un smoking à huit heures du matin ! Il ne voit pas que j'ai un couteau dans la main, que je menace d'égorger un enfant !*

Pourtant, comme si l'enthousiasme, même faux, avait toutes les vertus, et assurait tous les succès, il lâcha l'enfant qui courut se réfugier dans les bras du millionnaire. Même s'il n'avait pas eu peur. Selon toute apparence.

Le directeur du Ritz pour sa part arrivait sur les lieux, voyait David, s'étonnait de son courage, consultait sa montre, se demandait comment il se faisait que la police mettait tant de temps à arriver, jetait des coups d'œil désespérés vers monsieur Guy, en faction comme toujours à la porte de l'hôtel et qui ne pouvait faire autre chose que de hausser les épaules pour lui signifier qu'il ne savait pas ce que faisaient les policiers.

« Mais je te dis que je ne te connais pas ! », protesta le voyou.

Pourtant, comme un doute subsistait dans son esprit, il n'osa pas frapper David quand ce dernier vint pour le serrer dans ses bras.

Grand mal lui fit.

Car au lieu de le serrer dans ses bras, David le prit par le col, et, dans une sorte de mouvement de judo, l'entraîna et le fit virevolter au-dessus de lui.

Le filou tomba sur le sol, en eut le souffle coupé, échappa son arme.

David fit un salto arrière aussi habile qu'élégant qui le remit en moins de deux sur ses pieds, ce qui ébahit les spectateurs. Il récupéra le couteau pendant que le directeur et monsieur Guy, qui avaient cru bon d'intervenir, se jetaient sur le voyou qu'ils écrasèrent de leur poids.

Les clients se mirent à applaudir cet exploit.

L'ex-premier ministre qui trouvait encore nécessaire d'arriver en retard pour montrer son pouvoir même s'il l'avait perdu depuis des mois et ne s'en remettait toujours pas, fit son entrée dans l'hôtel à ce moment-là et crut que ces applaudissements lui étaient destinés. Fier comme un paon, il salua à gauche et à droite, se remémorant sa gloire ancienne.

Sur ces entrefaites, la police arriva enfin, menotta le voyou.

On voulut prendre la déposition du millionnaire.

Qui s'y refusa.

« Vous ne voulez pas porter plainte ?

— Pourquoi ? J'ai mon portefeuille et... (le gamin avait récupéré sa montre et la lui rapportait à ce moment précis) ma montre. Personne n'est blessé. »

Le policier trouva curieuse son indulgence. Se tourna vers le directeur pour obtenir une déposition plus accablante. Que ce dernier n'osa pas lui fournir malgré les faits, car le millionnaire expliquait :

« Jean est un ami de la famille. Il ne va pas bien. »

L'agent regarda le voyou qui justement n'était pas vêtu comme un voyou. Mais comme quelqu'un qui aurait pu être de la famille du millionnaire. Ça avait du sens, malgré quelque invraisemblance.

Le voyou, ahuri, regardait le millionnaire : comment diable avait-il pu deviner son nom ?

Mais il pensa que peut-être son faux ami en smoking l'avait prononcé. Que le vieux monsieur l'avait entendu.

Il ne savait pas. Il était très nerveux. Encore plus nerveux que d'habitude. En plus il avait *sniffé* de la coke avant son expédition, et comme il ne l'avait pas payée cher, elle avait sans doute été coupée avec des substances étrangères qui ne lui convenaient guère.

« Il est suivi », prétendit le millionnaire, qui faisait un mensonge blanc, ce qui correspondait bien à la pureté de son âme.

« Par la police ?

— Non, par un psychiatre. »

Le policier regarda à la ronde, sourcilla.

« Je ne vois personne en sarrau blanc !

— Il est suivi habituellement : pas aujourd'hui, précisa le millionnaire, ahuri.

— Ah ! d'accord. »

Le directeur leva les yeux au ciel : le policier était un con fini.

Le voyou haussait les sourcils, se demandait ce qui pouvait expliquer pareille indulgence de la part d'un parfait inconnu que, de surcroît, il avait tenté de détrousser.

De toute sa vie, il n'avait rencontré une personne qui lui avait donné le moindre *break*, la moindre chance. Même parmi les membres de sa famille. Il faut dire qu'il n'avait pour ainsi dire jamais eu de vraie famille.

Comme un loup solitaire dès l'enfance, vite interdit de séjour dans le creux des seins de sa mère qui gagnait sa vie en les montrant à des étrangers, il avait toujours dû se battre pour s'en sortir – ou tenter de s'en sortir avec un succès variable selon qu'il traversait des périodes bleues ou roses : sa vie tordue était un Picasso.

Il vivait selon ses lois qui, hélas, se trouvaient presque invariablement être… contre la loi ! Normal, c'était presque toutes des déclinaisons de sa maxime ultime : chacun pour soi ! En tout cas le vol le nourrissait : ventre vide ne pense pas comme ventre plein. Nos législateurs bien nourris devraient se le rappeler, entre deux rots satisfaits, chaque fois qu'ils établissent la durée des peines : ceux qui en écopent ont déjà eu bien des peines.

Le policier retira ses menottes au voyou.

« Il n'a pas eu une vie facile, poursuivit le millionnaire. Il n'a jamais eu de père, et sa mère était une prostituée qui recevait des clients devant lui depuis qu'il a un an. »

Maintenant, le voyou avait les larmes aux yeux : c'était exactement la (triste) histoire de sa vie.

Comment cet étranger avait-il pu deviner toutes ces choses qu'il n'osait raconter à personne tant il en avait honte ?

«Ah oui, dit alors le millionnaire. J'oubliais, je ne t'ai pas payé pour le couteau de collection que tu voulais me vendre. Tu me garantis que c'est le véritable *jack-knife* qui a servi au voyou dans *Crocodile Dundee,* avant que le sympathique aventurier lui montre son énorme couteau de chasse et lui annonce: *This is a knife*.

— Euh… bafouilla Jean le Voyou, oui, je… je n'ai pas le certificat sur moi, mais je vous le donne la prochaine fois qu'on se voit.

— À mon manoir de Westmount. À Pâques. Comme chaque année.

— Euh oui. Comme chaque année.

— Voici tes 10 000$.»

Le millionnaire prit la liasse de billets dans son portefeuille et la lui tendit.

Jean le Voyou, élevé par une mère prostituée, même s'il croyait rêver et ne voulait pas que ça s'arrête, hésitait.

La vérité était qu'il craignait de se brûler à nouveau.

Mais il prit enfin l'argent. Ne ressentit rien. Sourit avec soulagement.

«Dépense cet argent pour faire le bien, dit le millionnaire.

— Oui, je…», répliqua Jean le Voyou.

Qui se sentait heureux certes. Mais aussi honteux. Mais aussi confus.

Et comme David de Bormes avait beaucoup lu et se souvenait de presque tout, grâce à sa mémoire prodigieuse, il pensa à une des scènes inaugurales des *Misérables*, de Hugo, lorsque le vieil évêque de Digne ment aux gendarmes qui lui ramènent Jean Valjean qui, malgré son hospitalité de la veille, lui a volé ses couverts d'argent. L'ecclésiastique de 75 ans leur dit qu'il a oublié de prendre ses deux chandeliers d'argent, et les lui remet.

À la fin, il lui dit, et David se récitait le passage comme malgré lui : « N'oubliez pas, n'oubliez jamais que vous m'avez promis d'employer cet argent à devenir honnête homme. »

Jean Valjean, qui n'avait aucun souvenir d'avoir rien promis, resta interdit. L'évêque avait appuyé sur ces paroles en les prononçant. Il reprit avec solennité :

« Jean Valjean, mon frère, vous n'appartenez plus au mal, mais au bien. C'est votre âme que je vous achète ; je la retire aux pensées noires et à l'esprit de perdition, et je la donne à Dieu. »

« Allez en paix, on se revoit bientôt mon ami », dit le millionnaire.

Jean le Voyou le remercia d'un simple hochement de tête.

S'éloigna.

Heureux et surpris d'être libre.

Et plus riche qu'il ne l'avait jamais été.

Le millionnaire le rappela :

« N'oubliez pas de donner un bon pourboire à monsieur Guy ! »

Monsieur Guy sourit que le millionnaire eût pensé à lui, surtout en pareilles circonstances : il était vraiment un homme qui flottait au-dessus de... toutes circonstances !

Le voyou hésita, finit par tirer un billet de 100 $ de la liasse inespérée. Le tendit à monsieur Guy. Attendit la monnaie. Qui ne vint jamais. Le portier avait refermé la main sur la sympathique coupure, et dit les mots habiles : « Merci beaucoup, monsieur le marquis », et fait le geste habile de baisser la tête, respectueusement. Et l'avait gardée baissée jusqu'à ce que le client, impatient ou résigné, passe son chemin.

Ce qui arriva.

Comme ça arrivait neuf fois sur dix.

Le voyou haussa les épaules et partit, craignant tout à coup que le millionnaire change d'idée et dise la vérité. Au policier qui n'attendait que ce revirement de situation, car l'explication du millionnaire lui semblait cousue de fil blanc.

David de Bormes éclata de rire.

La répétition de la martingale de monsieur Guy lui rappelait trop précisément la manière dont il l'avait soulagé de ses 20 dollars, lors de sa première visite au Ritz.

Le millionnaire se tourna vers lui.

« Où avez-vous appris à désarmer quelqu'un comme ça ?

— Mon cinquième père adoptif était septième dan en judo. »

La formule, quoique rigoureusement vraie, avait l'air d'une boutade : il faut dire qu'il suffit souvent de dire la vérité, surtout au moment où les autres s'attendent à ce qu'on dise son contraire, pour obtenir un effet comique.

« J'aime », fit le millionnaire, sourire aux lèvres.

David put pour la première fois détailler le millionnaire.

Il avait le teint rose, les cheveux argentés (normal pour un millionnaire !) les yeux bleus, fort lumineux, et perçants, qui semblaient voir directement au fond de votre âme, malgré vos secrets.

Le jeune homme esquissa alors une grimace. Il venait de ressentir une douleur à l'arrière de la tête. Il se massa.

« Vous vous sentez bien ? s'enquit le vieux millionnaire.

— Un peu étourdi, mais sans plus…

— Vous vous êtes peut-être blessé en faisant votre pirouette. Je demande à mon médecin personnel de venir vous examiner. »

Il se tourna vers le gamin, qui semblait lui tenir lieu d'assistant, et dit simplement :

« Leonardo, tu t'en occupes ? »

Se tournant vers David, il dit :

« En passant, je vous présente Leonardo. »

Leonardo leva le pouce, d'une manière qui était drôle chez un enfant de cet âge.

« Et vous êtes ? s'enquit le millionnaire.

— David de Bormes. »

Le gamin avait tiré son iPhone 6 de sa poche et composé le numéro du médecin personnel du millionnaire, un Vietnamien raffiné qui pratiquait l'ancienne médecine chinoise et ne demandait rien à ses patients quand ils étaient malades, seulement quand ils se sentaient bien, ce qui avait fait sa fortune, car tous ses clients étaient bien portants. Il dit aussitôt :

« Docteur Hong ? »

Le gamin se tourna vers le millionnaire et fit, beau dans son triomphe, même facile :

« Il est là !

— Non, non, je vous assure », insista David, je vais bien.

Le gamin consulta du regard le millionnaire. Qui lui donna des instructions silencieuses.

Leonardo expliqua la chose au docteur Hong, qui ne fut pas morose et pour cause : Hong veut dire rose en vietnamien, et c'est en rose qu'il voyait la vie et insistait pour que ses clients la voient ainsi, évitant par la même occasion de voir du rouge dans son compte en banque : charité bien ordonnée commence par soi-même. *Soigne-toi et le Ciel te soignera*, telle était sa lucrative devise.

« Merci, fit David. Et vous, le directeur m'a dit qu'on vous appelait le Millionnaire.

— Il ne faut jamais mettre en doute la parole d'un directeur. Surtout un directeur du Ritz. Quoique ça fasse longtemps que je ne suis plus millionnaire.

— Vous... vous avez eu un revers de fortune ?

— Non, je suis devenu milliardaire.

— Évidemment.

— On ne peut pas toujours rester dans sa zone de confort.

— Vous êtes mieux placé que moi pour le savoir. Mais cela dit, vous devez bien avoir un vrai nom.

— Oui. Mais il faudrait que je vérifie sur mon permis de conduire.

— Je…

— Mais ça fait 30 ans que je n'en ai plus. J'ai connu le succès jeune, et j'étais si distrait que j'ai préféré engager un chauffeur.

— C'est dans mes projets à court ou moyen terme.

— Il faut voir grand.

— Vous êtes bien placé pour le dire. Mais sérieusement, vous devez bien avoir un vrai nom ?

— Au lieu de m'appeler monsieur le millionnaire, plusieurs m'appellent monsieur le jardinier. Parce que le bonheur est un jardin et qu'il faut le cultiver. En plus j'adore les roses. »

David pointa vers la rose à la boutonnière du millionnaire. Ou milliardaire. Ou jardinier.

« Logique ! »

Il avait compris qu'il lui était inutile d'insister, du moins pour le moment.

Il pensa aussi que, pour tout héritage, son père suicidé lui avait laissé une lettre.

Et un film.

Being There.

Dont le personnage principal s'appelait *Mister Chance, the gardener*. (Monsieur Chance, le jardinier.)

Un autre clin d'œil du destin ?

Il en recevait décidément plusieurs depuis quelques jours, comme si tout basculait dans sa vie mais que, en même temps, il obtenait, par quelque grâce mystérieuse, le secours inespéré du Ciel, l'un compensant l'autre par quelque merveilleux jeu de balancier.

« C'est noté, monsieur le jardinier », dit David de Bormes.

Il y eut un moment de silence, puis le millionnaire dit :

« En tout cas, vous avez eu bien du courage, jeune homme.

— J'ai juste fait mon travail.

— Votre travail ?

— Oui, de veiller à ce que le séjour des clients de l'hôtel soit mémorable. Mais pas dans le mauvais sens du mot.

— Je… je ne suis pas sûr de vous suivre.

— Si je porte ce smoking c'est que… Enfin ce serait trop long à expliquer, en fait je suis simple groom à l'hôtel. En attendant de faire vraiment mon métier.

— Mais pourquoi vous imposez-vous pareille torture ? Vous avez l'air d'un jeune homme plutôt intelligent, vous avez une belle gueule.

— Je… je ne sais pas. Honnêtement. C'est la grande énigme de ma vie. Je me demande souvent : *pourquoi ne pourrais-je aimer ce que je fais ou faire ce que j'aime ? Ce serait tellement plus simple que d'être né avec le cœur d'un autre, ou l'ambition d'un étranger.*

— C'est une de mes questions philosophiques préférées.

— Vraiment ?

— Oui. Je peux vous inviter à déjeuner pour en parler ?

— Vous connaissez un restaurant décent pas loin d'ici ?

— Non. Pas vraiment. Mais puisqu'on est déjà rendus au Ritz. Contre mauvaise fortune, il faut faire bon cœur, fit finement le millionnaire.

— Il faut d'abord que je demande la permission au directeur, dit David en souriant.

— Faites comme si c'était une affaire entendue. »

Le millionnaire s'avança vers le directeur et dit :

« Cher ami Hoffmann, je prends mon petit-déjeuner avec mon ami David de Bormes. Vous me préparez votre meilleure table ? »

Cette question était un ordre.

Aussi le directeur s'empressa-t-il de dire :

« Oui, cher millionnaire. Avec plaisir. »

DEUXIÈME PARTIE

La Vie de Rêve

1

David de Bormes, le millionnaire et son acolyte, Leonardo, avaient pris place dans la charmante alcôve, que le Ritz réserve à certains clients dont le nombre n'excède pas sept – ou huit en forçant – et que l'on trouve à main gauche, juste avant de passer au jardin.

« Je ne faisais que mon vrai métier, expliqua David au millionnaire qui ne tarissait pas d'éloges devant l'habileté qu'il avait déployée pour désarmer Jean le Voyou alors que personne n'osait rien faire.

— Votre vrai métier ?

— De comédien.

— Mais si vous êtes comédien, pourquoi perdez-vous votre temps comme chasseur au Ritz ? C'est mon hôtel préféré, je l'avoue, et, comme chacun sait, il n'y a pas de sot métier, seulement des sots, mais ce n'est quand même pas aussi grisant que les planches d'un théâtre, ou un plateau de cinéma. Et c'est sûrement beaucoup moins payant !

— J'ai oublié de vous dire que je ne suis pas seulement un comédien, je suis aussi un comédien raté. Et donc fauché.

— Je vois… Vous n'avez sans doute jamais lu le *Grand Livre de la Chance*.

— Je ne serais pas ici si je l'avais lu, et surtout si je l'avais compris.

— Leonardo, fit le millionnaire, tu le lui montres ?

— Oui, maître. »

Le gamin tira un livre de sa petite mallette dorée et ailée, et il le remit aussitôt à David, un livre qui n'était pas aussi grand (loin de là !) qu'il l'avait spontanément imaginé, vu son titre ronflant.

C'était en effet un assez petit livre en cuir de couleur jaunâtre, de format 7,5 par 12,5 centimètres ou à peu près. Affligé d'éraflures et de taches, dont certaines semblaient provenir du vin ou du sang, et peut-être des deux, il devait avoir au moins 100 ans, et peut-être beaucoup plus.

Son titre, écrit en lettres rouge sombre, apparaissait sur la couverture, le simple mot CHANCE qu'il fallait quasiment deviner tant il était délavé, et que certaines de ses lettres avaient été attaquées par le temps.

En le voyant, David éprouva une émotion facile à comprendre pour qui le connaissait. Et pour qui connaissait le grand drame de sa vie.

Chance…

Ça lui rappelait encore une fois *Mister Chance*…

Et le film *Being There* que son père adoré lui avait laissé en héritage : spirituel, vu qu'il était moins que sans le sou, c'est-à-dire criblé de dettes !

Adoré…

Inoubliable…

Irremplaçable…

Même s'il n'avait jamais été un vrai père.

Même s'il avait toujours été absent.

Parce qu'il était toujours parti.

Parti…

Dans tous les sens du mot, y compris le pire, qui est d'être parti en voyage avec son idole: l'héroïne dont l'amour ne pardonne pas.

La précieuse sagesse du livre était protégée par deux fermoirs en or, dépourvus de serrure.

Lecteur vorace, ce qui en faisait un grand original parmi les jeunes gens de son âge, qui ont lu moins de livres que bien des auteurs en ont écrits, David nota qu'il n'y avait pas de nom d'auteur.

Mais bon…

«Je peux? fit-il en désignant le fermoir du haut.

— Bien sûr, dit le millionnaire, c'est le but de l'exercice.»

Mais à la seconde même où il toucha le fermoir, David ressentit un choc.

Il retira sa main comme lorsqu'on touche par erreur le rond d'une cuisinière qu'on croyait éteint depuis longtemps.

Médusé, intrigué, il pensa spontanément, *ça doit être un phénomène d'électricité statique…*

Ça lui arrivait d'ailleurs souvent avec Claudia.

Ils se touchaient par accident, et aussi souvent intentionnellement, bien entendu, même si à la fin ça n'avait rien voulu dire, ces vertiges érotiques, ces septièmes ciels atteints sept cents fois, sept fois mille et une nuits…

Ils se touchaient, n'avaient qu'à s'effleurer, même, et avaient un choc.

(Maintenant ne restait que le choc [douloureux] de la séparation imprévue.)

Ça faisait même un petit clic qui les faisait sourire, et parfois rire: ils se félicitaient qu'il y eut entre eux cette électricité!

La physique ne pouvait mentir!

Leur amour était une évidence scientifique !

Qui n'allait pas durer, cependant.

La science parfois se trompe : Einstein corrige Newton.

David, qui comprenait toutes ces choses, sourit, rassembla ses esprits ou plutôt son esprit que venaient d'envahir deux voyageurs venus de son passé, et aussi prophètes de malheur de son avenir, selon toute apparence : Claudia et son père, tous les deux de triste mémoire…

Toucha à nouveau le fermoir.

Pas de choc cette fois-ci…

Mais quelque chose de pire, de plus douloureux.

Une réminiscence.

Graphique.

God dwells in details.

(Dieu réside dans les détails.)

David revit son père attaché par le cou à une corde : on appelle aussi ça, pendu.

Son père que la police lui avait demandé d'identifier formellement.

Ensuite des policiers gantés de caoutchouc avaient retiré la corde.

Au cou.

De son père en allé.

De son père qu'il n'avait jamais vraiment connu.

Il était seul dans le salon de l'appartement minable que son père louait et payait mal.

Sa mère, personne n'avait pu la rejoindre.

Les parents de son père, ce dernier ne les avait jamais connus.

Quant aux deux frères (connus) de David, il y en avait un qui était en prison pour vol, l'autre, l'aîné, vivait ou plutôt vivotait à Cabarete où il opérait prétendument un café, mais en fait accommodait ses clients amateurs de tourisme sexuel.

Pourtant, David, habitué de composer avec l'adversité du destin, qui le suivait comme un rémora s'attache au requin, fit comme si de rien n'était.

Comme, par exemple, fait une caissière à votre banque, qui vient d'apprendre que son mari la trompe depuis un an avec sa meilleure amie, à qui justement elle confiait ses inquiétudes au sujet de sa fidélité, ou que sa mère a un cancer terminal, que son enfant est autiste, comme elle l'avait deviné avant de se faire trancher l'artère aortique par le couperet du diagnostic… et qui répond quand même poliment, en montrant toutes ses dents. *C'est vrai* au centième client qui se plaint que le temps soit si froid ou si pluvieux : elle n'a pas toute la matinée pour s'expliquer, lui dire la vérité, vu la longueur de la file d'attente : elle attend juste que cette interminable journée aussi bancaire que bancale prenne fin pour aller commodément pleurer toute seule dans sa chambre. Aux côtés de son mari qui ne manquera pas de lui demander : « Il y a quelque chose qui ne va pas, ma chérie ? »

Le second fermoir ne réserva pas de mauvaise surprise à David.

Il put ouvrir le livre.

Tourna les premières pages.

La page du titre, celle du faux titre.

« Il n'y pas de nom d'auteur ? questionna David.

— Chaque lecteur est auteur du livre.

— Ah bon… »

Il continua de le feuilleter.

Toutes les pages étaient jaunies et vierges de tout texte.

Il plissa le front, commenta :

« Aucun de ces brillants auteurs n'était très bavard, à ce que je peux voir.

— Continuez quand même à lire ! »

Le gamin approuva en dodelinant de la tête.

David obtempéra, mais c'était, comme au début du livre, une page blanche après une autre. Il continua pourtant de les tourner avec une irritation grandissante.

À l'avant-dernière page, dans un encadré, en grandes lettres dorées, il trouva les premiers (et les derniers) mots de l'ouvrage.

2

Il était écrit : LE MONDE N'EST QU'UNE RÉFLEXION DE NOTRE ESPRIT.

3

Après une hésitation, David osa protester :

« Quand on va aux États-Unis, on voit ça sur toutes les plaques de voiture, même sur celles des conducteurs qui ne comprennent pas ce que ça veut dire. Comme disait P.T. Barnum, le grand homme de cirque : *There's a sucker born every minute.*

— Pourtant c'est vrai. Nos pensées sont les Nostradamus de notre succès.

— Joli. Mais est-ce exact ? J'ai lu quelques livres sur la puissance de la pensée, qu'il suffit par exemple d'écrire un chèque d'un million à son nom et de le coller naïvement sur la porte de son frigo ou sur le plafond de sa chambre à coucher, et au bout de six mois, ou un an si on n'a pas été assez audacieux, on devient millionnaire comme par magie.

— L'avez-vous déjà essayé ?

— Euh, non…

— Alors comment pouvez-vous le dire ?

— Je n'ai jamais fait le tour de la Terre, mais je sais qu'elle est ronde. Et puis, si c'était vrai, tout le monde pourrait devenir président des États-Unis, or il n'y a qu'un président des États-Unis tous les quatre ans. Je sais, me direz-vous, il y en a plusieurs qui se prennent pour le président des États-Unis, qui n'ont jamais une minute à eux, qui sont prétentieux : mais ils ne sont pas présidents des États-Unis. Ils ne sont pas Bill Gates, George Clooney, Mark Zuckerberg ou Ernest Hemingway non plus. Et si je puis me permettre d'ajouter, ils sont des millions à écouter *La Voix*, des milliers à vouloir y participer. À vouloir devenir la prochaine Céline Dion ou la nouvelle Taylor Swift. Et finalement, les seuls qui font fortune avec ces machines à rêves, ce sont les producteurs de ces émissions.

« Beaucoup sont appelés, mais peu sont élus, dit le millionnaire. La loi de l'attraction marche, mais encore faut-il la comprendre. »

Une lueur amusée flottait dans ses yeux bleus et lumineux cependant qu'il apportait ces précisions.

« Vous pouvez me redonner mon livre, s'il vous plaît ? demanda le gamin blond.

— Oui, bien sûr. »

Et il lui rendit son petit *Grand Livre de la Chance*.

Au lieu de le remettre où il l'avait pris, Leonardo, un peu curieusement, le mit dans la poche intérieure de sa veste.

Alors pour la première fois, David remarqua que le gamin portait, sur le revers de sa veste, une épinglette qu'il avait déjà vue quelque part.

Du moins il lui semblait…

Et comme son costume était identique à celui du millionnaire, sauf pour la taille, bien entendu, David eut le réflexe de regarder à la boutonnière du millionnaire. Pas celle qui arborait la rose, mais l'autre.

Il portait la même épinglette que le bambin !

Elle figurait une rose.

Une rose entourée d'un cercle décoré de plusieurs étoiles, au moins 10, peut-être 12.

« Tu as quel âge ? demanda-t-il au gamin.

— Six ans et 5110 jours. En fait, 5111, c'était mon anniversaire, hier.

— Bonne fête en retard, en ce cas. Mais dis-moi, Leonardo, 6 ans, je comprends, mais les 5110 ou 5111 jours de plus, là, ça me dépasse, et j'ai pourtant 167 de quotient, supposément, mais je ne suis pas sûr que ceux qui m'ont testé étaient très intelligents. En passant, ils me font penser à ces garanties prolongées qu'on insiste pour te vendre pour les frigos considérés comme les plus fiables au monde. S'ils étaient vraiment si fiables pourquoi avoir besoin d'une garantie !

— Parce que leur obsolescence est planifiée par les manufacturiers, dit avec une maturité et une lucidité surprenantes le gamin adorable et blond.

— Touché ! », fit avec une modestie amusée David de Bormes.

Une pause, et Leonardo ajouta :

« Si j'ai depuis longtemps 6 ans et 5111 jours, c'est que je ne veux pas dépasser l'âge de raison, qu'on atteint à 7 ans. Le millionnaire dit que c'est alors qu'on ouvre la porte au malheur, parce qu'on referme celle du Ciel. »

Et ce disant, il touchait cette partie au sommet de la tête qu'on appelle la fontanelle.

David arrondit les yeux, ahuri. Il trouvait bizarre [illegible] tion. Il tenta de lire dans le regard du gamin de 6 ans et 5110 ou 5111 jours s'il plaisantait ou était sérieux. Il nota alors qu'il possédait des yeux d'une profondeur et d'une gravité plutôt inhabituelles chez un enfant de cet âge.

Il eût aimé le questionner sur cette curieuse prétention au sujet de l'âge de raison, soi-disant porteur de malheur.

Mais il entendit alors le son, et perçut la vibration de son cellulaire qui lui annonçait qu'il venait de recevoir un texto.

Son sang ne fit qu'un tour, son cœur ne fit qu'un bond.

Il pensa que c'était sa fiancée – ou celle dont il avait voulu faire sa fiancée – qui lui envoyait un message pour lui dire qu'elle avait fait une erreur, la pire erreur de sa vie et qu'elle lui avait menti et qu'elle voulait passer le reste de sa vie avec lui.

Sa nuit avec la princesse avait été inoubliable : il n'avait pas oublié Claudia.

Elle l'avait quittée : il ne pouvait la chasser.

De son esprit.

De tous le refuge le plus sûr.

Et le plus obsédant, le cas échéant

« Vous permettez ? », demanda-t-il poliment, cellulaire déjà en main.

Il répondit.

C'était son agent – si on pouvait appeler agent un homme qui ne lui avait pas trouvé autre chose que des rôles de troisième ordre, des rôles de figurant, et souvent muets parce que ça coûtait moins cher quand le comédien n'avait aucune réplique à dire : il faut justifier sa mesquinerie.

Son agent qui se vantait de souffler avec le vent – et il ne faisait jamais autre chose, retournait sa veste chaque fois que son intérêt le justifiait – lui expliquait avec un enthousiasme dont la seule vérité était son mercantilisme qu'il venait de lui trouver une audition, cette fois-ci pour un rôle vraiment important dans une grosse production américaine, un rôle qui lui allait comme un gant parce que le personnage était un Milanais qui tombait en amour avec une Londonienne rencontrée à Paris... Comme il maîtrisait ces trois langues, ça lui donnait un avantage immense.

Il fallait qu'il se présente le matin même.

Dans une heure.

David travaillait.

« Je vais m'arranger », finit-il par dire, confiant en quelque miracle ou quelque indulgence de son patron, qui lui devait une fière chandelle pour le bal de la veille.

Lorsqu'il raccrocha, il semblait tout à la fois nerveux et excité.

« Une bonne nouvelle ? demanda le millionnaire.

— Le hasard fait bien les choses. On va pouvoir vérifier si votre *Grand Livre de la Chance* marche, du moins si je peux obtenir une permission de mon patron, j'ai une audition dans une heure.

— Considérez que c'est une affaire entendue.

— Vraiment ? »

Les privilèges de la richesse sont immenses.

Plus grands que ceux de la beauté.

Car ils durent plus longtemps et font plus facilement l'unanimité : ils ne sont pas question de goût comme la beauté !

Le millionnaire manda le directeur, lui dit simplement qu'il avait à faire avec son nouvel ami David de Bormes.

Et ce fut effectivement une affaire entendue.

4

Nerveux dans la limousine du millionnaire qui avait insisté pour le conduire à son audition, incertain de l'effet (bizarre) qu'il pourrait faire vêtu d'un smoking (avec des souliers trop grands : il n'avait pas encore eu le temps d'en changer !), David demanda à Leonardo :

« Est-ce que je pourrais relire le *Grand Livre de la Chance* ? J'aimerais vraiment avoir ce rôle. »

Le gamin, étonné par sa requête, le lui remit.

David l'ouvrit, relut sa seule phrase.

Le referma.

Le serra dans ses mains comme s'il s'agissait d'un talisman.

« On verra bien si ce que vous dites est vrai. Que le monde est une réflexion de mon esprit. Mon grand rêve, mon plus grand rêve est de gagner ma vie comme comédien. En principe, si je crois ce que vous dites, si je crois en moi, je devrais obtenir le rôle.

— Le monde est une réflexion de votre esprit », se contenta de dire finement le millionnaire.

Quinze minutes plus tard, la limousine conduite par Edgar, l'inséparable chauffeur du millionnaire, s'immobilisait devant l'immeuble où devait se dérouler l'audition.

Juste avant que le jeune homme ne parte vers son destin, le millionnaire ouvrit la porte du petit frigo de la limousine.

Elle contenait des bouteilles de vin, de bière, et aussi du champagne.

« On t'attend pour fêter ton succès.

— C'est gentil. Mais je sens que j'abuse… vous n'avez pas besoin de m'attendre, vous avez déjà été assez gentil de venir me reconduire ici…

— Edgar, est-ce que nous avons quelque chose d'autre à l'agenda, aujourd'hui ?

— Euh, attendez, patron... »

Il consulta illico l'agenda électronique de la limousine.

« Euh, nous devions aller faire une offre sur l'immeuble de 12 millions que vous convoitez.

— Reporte-la à demain ! Ça va les rendre nerveux.

— Noté.

— On avait aussi un lunch avec le premier ministre.

— Reporte-le à demain...

— Ça va le rendre nerveux... Noté. »

Ils se paient ma tête ou quoi, ces deux-là ? pensa David. *Ou alors le millionnaire tient vraiment à moi, pour ainsi tout annuler pour moi, des rendez-vous si importants. Pour une raison d'ailleurs que je ne m'explique pas.*

« Vous voulez me mettre de la pression pour que je décroche le rôle ? demanda-t-il

— Oui », répliqua laconiquement le millionnaire.

David de Bormes sourit.

Il sourit et pourtant devint tout à coup fort pâle, en fait blanc comme un drap.

C'était le trac qui laissait ses traces.

« Vous êtes sûr que vous vous sentez bien ? vérifia le millionnaire.

— Oui, je...

— Vous en êtes bien certain ? Avez-vous pensé que vous avez peut-être subi une commotion cérébrale au cours de la rixe du Ritz ? Vous êtes sûr que vous ne voulez pas que mon médecin personnel vous examine ? »

5

L'audition avait lieu dans une salle qui ne payait pas de mine. Ça ne ressemblait pas exactement à Carnegie Hall ou à la Place des Arts.

En fait, c'était le bureau abandonné d'un producteur de cinéma qui s'était suicidé parce qu'il n'avait pu obtenir le financement de son dernier film, qui avait vraiment été son dernier film.

Comme c'était une grosse production américaine et que le cachet était rondelet (350 000 $), il y avait beaucoup de comédiens connus et chevronnés à l'audition.

Ils étaient une bonne dizaine au moins assis sur de petites chaises droites, les mains moites, le front humide, à lire et relire, et tenter de mémoriser la scène unique qu'on venait de leur remettre.

Vint le tour de David de Bormes.

Après une attente d'une heure qui lui parut une éternité.

Il y a des musiciens qui sont fameux pour leur lecture à vue.

David, lui, lisait une fois ou deux une scène d'une page ou deux, et il la savait par cœur.

Dans sa tête, il avait préparé son audition en trouvant des accents, des nuances, des mimiques pour chacune de ses répliques.

Le jury, peu nombreux, était composé de deux personnes.

La directrice de l'agence de casting.

Et le deuxième assistant du réalisateur.

Qui ne semblait pas vraiment excité de se trouver là.

David fit une prestation extraordinaire.

En attendant le verdict, il croisait les doigts et pensait au *Grand Livre de la Chance*, et pensait que le millionnaire avait raison : le monde était une réflexion de notre pensée, donc il suffisait d'y croire vraiment.

Il y croyait !

Il commença d'ailleurs à imaginer ce qu'il ferait avec les 350 000 $.

Premièrement, il déménagerait dans un appartement moins minable.

Il troquerait sa vieille Honda pour une Porsche.

Une 911.

Décapotable.

Noire.

Avec un intérieur rouge.

En vrai cuir, il allait de soi.

Il se referait une garde-robe.

Immense et folle.

Avec plein de souliers italiens.

De costumes des plus grands couturiers.

De chemises excentriques comme seuls peuvent en porter les artistes fortunés.

Il se frotta les mains, sourit, épanoui à l'avance par le bonheur nouveau qui se précipitait vers lui.

Quelle chance il avait eue de rencontrer le millionnaire et son petit acolyte qui lui avaient fait découvrir le petit *Grand Livre de la Chance* !

6

Lorsque David revint dans la limousine, le millionnaire tenait le bouchon de la bouteille de champagne déjà libéré de son filet de fer, impatient de le faire sauter.

« Alors, cette audition ? fit-il, sourire aux lèvres.

— Comme je pensais. »

Il se reprit aussitôt.

« Non, je ne devrais pas dire ça. Parce que je pensais vraiment que je l'obtiendrais. Mais c'est comme pour le chèque d'un million de dollars sur la porte de mon frigo, ça ne marche pas votre loi de l'attraction : je vais continuer d'être chasseur au Ritz.

— Ce que vous dites me surprend, fit le millionnaire. Vous en pensez quoi, docteur Hong ? »

Le jeune homme n'avait pas remarqué la présence de ce passager, assis sur la banquette avant aux côtés du chauffeur. Le docteur Hong se tourna vers lui, en fait il fit plus que ça. On pouvait en effet passer aisément des banquettes avant à la sorte de petit salon aménagé à l'arrière à l'intention des passagers. Il y avait de longues banquettes, en sens contraire des banquettes habituelles, sauf pour la banquette tout à fait à l'arrière qui, elle, était dans le même sens.

C'était un tout petit homme d'origine vietnamienne comme son nom l'annonçait, mince, mais aussi très énergique, avec un teint radieux, des cheveux noirs, des yeux bruns brillants et un visage spirituel. En fait, il semblait toujours sur le point d'éclater de rire, comme si tout l'amusait ou qu'il était infiniment heureux. Peut-être les deux, l'un allant avec l'autre, inséparables comme le recto et le verso d'une feuille de papier.

Le millionnaire ajouta :

« Mais je ne vous ai pas présentés. David de Bormes, future vedette de cinéma. (Le jeune homme leva les yeux au plafond : le millionnaire n'en démordait pas !) Docteur Hong, mon médecin personnel, diplômé *maxima cum laude* de Harvard, 1969.

— 1969 ? », s'étonna le jeune homme.

Le docteur Hong se contenta d'incliner modestement la tête.

« Si je fais un calcul approximatif, vous avez, quoi, 65 ans... »

Le docteur Hong sourit en écartant trois doigts (le majeur, l'index et l'auriculaire) de sa main gauche, ce qui signifiait qu'il avait 63 ans.

« Mais je vous donnais à peine 35 ou 40 ans.

— Vous, généreux, fit-il avec un fort accent vietnamien et une syntaxe assez approximative.

— J'aimerais avoir l'air aussi jeune que vous à votre âge, si jamais je me rends là. »

(Pensait-il au sort qu'avait jeté sur lui le suicide de son père, et qui annonçait la brièveté de sa propre vie ?)

« Facile. Vous ne pas laisser entrer dans votre corps ce que enfants ne laissent pas entrer : café, alcool, tabac et autres drogues. Jamais en aucun temps. Pour aucune raison. Vous, temple de Dieu. Vous ne pas laisser entrer dans estomac aliment plus gros que ça. (Il avait fermé son poing, pédagogue simple, mais efficace.) Et vous boire un litre d'eau par jour pour empêcher cancer de devenir locataire de votre intestin, et garder peau de satin. Vous aussi ne pas faire comme les adultes. Vous ne pas stresser pour rien, et respirer avec ventre.

Il touchait son abdomen, qui était plat.

— Hum, intéressant », fit le jeune homme, qui trouvait assez dense ce cours improvisé sur l'art de rester jeune : mais de toute évidence, il avait fait florès pour ce surprenant médecin sexagénaire.

« Aussi, vous aimer juste une femme. L'aimer juste une fois par semaine à 20 ans, deux fois par mois à 40 ans et juste une fois par mois à mon âge.

— Votre femme ne doit pas être comblée ? *Unlesss you're well hung, doctor Hong. Or very rich* », plaisanta le jeune homme en un jeu de mots anglais difficile à traduire.

Le docteur Hong, qui avait étudié à Harvard et donc parlait anglais, éclata de rire, se permit de préciser.

« Non, elle toujours au septième ciel, sept fois par semaine ou sept fois par jour si elle demande. Mais vous garder Essence de Vie pour éloigner la Mort et obtenir vision merveilleuse du Ciel. (Il touchait sa tempe droite), mais surtout, surtout... Vous ne pas perdre de temps à penser. Penser mauvais pour votre santé, bon juste pour fortune des médecins. Vous juste regarder les fleurs, les oiseaux et les nuages dans le ciel et sourire tout le temps, comme un enfant à la mamelle de sa maman. »

Il disait cela en souriant justement. Il ajouta, finement, ou paradoxalement et en levant un index autoritaire :

« Vous penser à ça. Et toujours écouter ce que dit le millionnaire. »

Le millionnaire le regardait en souriant largement, et on voyait bien qu'il le trouvait amusant, et on voyait bien qu'il l'aimait, infiniment.

« Doctorat de Harvard en 1969 à l'âge de 17 ans, précisa-t-il.

— Dix-sept ans ! », fit David de Bormes, ahuri, surtout que lui n'allait déjà plus à l'école à cet âge et n'était diplômé en rien du tout, sinon en la science obscure de l'échec et en l'art infini (qu'il aurait pu enseigner !) de la malchance.

— Oui, confirma le millionnaire. En plus sept enfants tous universitaires, aucun politicien, la chose est remarquable, surtout que deux sont avocats, mais des avocats qui réussissent : l'un expliquant peut-être l'autre. Mais ce n'est pas tout, maître à vie au bridge, grand maître international aux échecs et le plus grand iridologue du Canada.

— D'Amérique, se permit de rectifier le docteur Hong en levant un index tout professoral.

— Iridologue ? », questionna le jeune homme qui entendait pour la première fois le mot, et ne connaissait pas la profession.

Il avait été impressionné certes, par la fécondité du docteur Hong, et la réussite de ses sept enfants. Impressionné aussi par la déclinaison de tous ses titres, mais ce qui avait le plus piqué sa curiosité, c'était iridologue : son destin s'amusait avec lui comme nous allons voir.

« Les yeux miroir de l'âme, expliqua le médecin, dans sa syntaxe syncopée. Mais aussi loupe pour maladies locataires du corps, et boule de cristal pour maladies qui voyagent vers lui.

— Vous êtes comme la carte American Express, plaisanta le jeune homme. Mieux vaut ne pas partir de la maison sans vous.

— C'est pour cette raison que je lui ai demandé de nous rejoindre, expliqua le millionnaire. Je voudrais qu'il vérifie si vous n'avez subi aucune séquelle comme suite à votre chute au Ritz. Tout à l'heure, vous avez eu une faiblesse.

— Le trac.

— Tout de même », insista le millionnaire.

Le docteur Hong ouvrit sa petite mallette, en tira son appareil pour prendre la pression.

« Mais puisque je vous dis que je me sens parfaitement bien », protesta inutilement le jeune homme, car déjà le docteur lui mettait au bras gauche la gaine gonflable nécessaire à établir sa pression.

« Hum, moi le pensais déjà », décréta-t-il au bout de quelques secondes à peine, et il affichait une mine fort sérieuse, presque grave.

Il rangea son bracelet à pression, appuya son stéthoscope sur le cœur du jeune homme, l'ausculta.

« Hum, exactement comme moi pensais. »

Il n'en disait pas plus.

Il remballa l'instrument effrayant. Puis tira une sorte de grosse loupe de sa mallette.

S'en servit pour examiner l'œil gauche du jeune homme.

Plissa les lèvres.

Sembla vouloir confirmer son verdict en examinant l'autre œil.

Abaissa sa loupe, décréta :

« Moi, mauvaise nouvelle à annoncer.

— Hein... ? fit David. Mais pourtant je... je me sens parfaitement bien. »

Et il pensa aussitôt que ça ne voulait strictement rien dire, qu'il y avait en effet beaucoup de gens dont on entendait parler qui se sentaient parfaitement bien et qui, deux semaines après, étaient grabataires ou à l'article de la mort, sinon déjà passés de vie à trépas.

Le docteur Hong se tourna vers le millionnaire, vérifia :

« Moi peux dire vérité devant vous ?

— Ce n'est pas à moi de demander ça, mais plutôt à mon jeune ami comédien... objecta le millionnaire.

— Oui, oui, bien sûr, docteur... »

Lorsque ce dernier divulgua enfin son surprenant verdict, le jeune homme était livide ou, si vous voulez, blanc comme un drap.

7

« Vous en êtes absolument certain, docteur ?

— Moi pas seulement avoir doctorat de Harvard à 17 ans, mais 177 de quotient, donc plus intelligent que vous et avoir raison 99 pour cent du temps. Moi vois dans plusieurs secteurs de vos yeux cancer du cerveau. »

Déjà le mot cancer était effrayant.

Mais en plus cancer du… cerveau !

L'ennui est que, comme chacun sait, la boîte crânienne est petite.

Une tumeur qui s'y loge s'y sent rapidement à l'étroit (comme un séducteur impénitent dans un mariage) bien plus qu'en un abdomen qui peut se distendre à volonté, certains obèses morbides en font la preuve par A + B.

« Ça veut dire que… quel est votre pronostic, docteur ?

— Un mois, deux mois. Vous faire testament au plus sacrant, pour employer jargon de votre nation. »

Spontanément, David de Bormes pensa à Steve Jobs, à...

Son testament...

Spirituel...

Qu'il avait lu sur l'affichette dans la vitrine de la librairie.

Il se prit la tête à deux mains, cependant que les larmes lui montaient aux yeux.

Il avait des palpitations, des douleurs au cœur de plus en plus douloureuses, précises, sans équivoque : il était en train de faire une crise cardiaque.

Il blêmissait, suait à grosses gouttes.

« Docteur Hong, pouvez-vous faire quelque chose ?

— Rien à faire, décréta-t-il, avec son accent et sa syntaxe impayables. Juste attendre la mort en souriant.

— Attendre la mort en souriant, c'est joli, comme programme, cher docteur Hong. »

Aussitôt, monsieur le jardinier et son singulier acolyte, le gamin comptable de ses 6 ans et 5111 jours, se mirent à sourire, au bord du rire, aurait-on dit.

Contaminé par ce début d'hilarité, le docteur Hong se mit à applaudir.

Mais ce sont des monstres ! pensa David de Bormes. *Ils se moquent de mon malheur, se foutent que je sois atteint d'un cancer du cerveau terminal, semblent même s'en réjouir ! Et voilà que…*

Et voilà que le millionnaire faisait sauter le bouchon de la bouteille de champagne, proposait :

« Buvons !

— Buvons ? Mais vous êtes fou ou quoi ?

— Vous êtes sur le point de découvrir la puissance des mots.

— La puissance des mots ? demanda le jeune homme.

— Oui, le docteur Hong a prononcé des mots concernant votre avenir médical. On appelle ça un diagnostic. Il vous a annoncé que vous aviez un cancer terminal.

— Le docteur Hong peut se tromper ?

— Non, mais il peut mentir, fit le millionnaire.

— Mentir ?

— Oui. Quand je le lui demande. »

David se tourna vers le docteur Hong, qui inclina la tête en signe d'acquiescement, et un sourire narquois fleurissait ses lèvres.

« Si je comprends bien, je…

— Vous n'avez pas de cancer du cerveau. Vous ne mourrez pas dans un mois ou deux, confirma le millionnaire.

— Vraiment ? », s'enquit David en arrondissant des yeux sceptiques en direction du docteur Hong.

Le docteur Hong opinait du bonnet.

Edgar, le fidèle chauffeur, qui semblait habitué à ce genre de mise en scène de son original patron, se contentait de sourire et de dodeliner de la tête.

Le gamin blond souriait lui aussi, amusé, complice, comme s'il avait déjà été témoin de semblable comédie dans le passé. Et savait, comme chacun sait, que l'histoire se répétait. Tant et aussi longtemps qu'on n'en a pas appris la leçon.

« Mais pourquoi toute cette ridicule comédie ?

— Pour enseigner une vieille vérité à un jeune élève.

— Évidemment, fit le jeune homme : un diagnostic est un ensemble de mots, et même faux, il m'a mis dans tous mes états. Les mots sont puissants.

— CQFD. Ce qu'il fallait démontrer.

— Mais je n'ai quand même pas obtenu le rôle.

— Les mots sont des flèches, mais leur puissance dépend du bras de l'archer. »

8

« Si l'archer est calme, son bras est puissant : ses flèches atteignent la cible. »

Leonardo hochait la tête, en signe d'acquiescement. Quant au docteur Hong, il avait dû quitter pour s'occuper d'un appel urgent, une chanteuse célèbre qui avait subitement perdu la voix à quelques heures d'un spectacle.

« Prenez l'exemple de Jean le Voyou, au Ritz, reprit le millionnaire, il a tout sauf un esprit calme. Il est agité. Lorsque je lui ai dit que ma Rolex était lourde, il m'a cru, à telle enseigne qu'il a été incapable de la garder dans ses mains, il l'a échappée même si je l'ai payée 505 000 $.

— Si je vous comprends bien, *and correct me if I'm wrong* (à nouveau cette petite préciosité anglaise), vous voulez dire que mon esprit est agité ?

— Oui. »

La réponse avait la vertu d'être brève.

Le jeune homme plissa les lèvres, baissa la tête, déprimé.

« Et c'est pour cette raison que la loi d'attraction, même si elle est juste, ne marche qu'avec un petit nombre de gens. Il faut d'abord acquérir le calme intérieur.

— Le calme intérieur… »

Le gamin hochait la tête, approuvant visiblement le millionnaire.

« Oui, reprit le millionnaire. Mais ça ne suffit pas pour tout obtenir. Encore faut-il que la loi de l'attraction n'entre pas en contradiction avec une loi plus grande encore, qui la subsume.

— Vous voulez dire la loi du karma, maître ?

— Oui, la loi du karma. »

David de Bormes jeta un coup d'œil admiratif et étonné en direction du gamin.

« Et c'est pour cette raison, reprit le millionnaire, qu'il n'y a qu'un président des États-Unis par quatre ans. Et pas autant de Céline Dion que de candidats à *La Voix*, même si leurs parents trouvent qu'ils ont du talent. »

Le jeune homme resta silencieux.

Enfin il osa dire :

« Ce que vous dites est sans doute vrai. Mais si je puis me permettre, c'est aussi un peu déprimant. Car ça veut dire, si du moins j'ai bien compris votre raisonnement et ayant lu les dialogues de Platon, je crois que je l'ai fait, cher Socrate moderne, qui se cache mal derrière ses millions, si je puis me permettre de vous appeler ainsi et de faire cette observation…

— Vous n'êtes pas le premier à l'avoir faite. Je l'accepte, même si je ne serais pas digne de dénouer le cordon de ses sandales…

— Si vous le dites… Mais je termine. Ça veut dire que peu importe ce que je ferai, même si je suis persévérant, même si j'ai du talent, je ne deviendrai jamais un comédien célèbre.

— Êtes-vous sûr que ce soit si amusant de devenir un comédien célèbre ?

— Si on savait tout à l'avance, on ne ferait rien, non ? C'est l'inconnu qui nous fascine, il me semble. De voir jusqu'où on peut aller, de prendre des risques fous, de sacrifier notre sécurité, de vivre sa passion jusqu'au bout. Mais je vois bien que c'est inutile. Mon père était un raté, je suis un raté, et si jamais j'ai un fils il sera lui aussi un raté : mauvais sang ne ment pas. Le fruit pourri ne tombe jamais loin de l'arbre de l'échec. Si j'avais encore un peu de courage, je ferais la seule chose sensée, je prendrais la corde que j'ai déjà achetée pour me pendre à cet arbre.

— Oh, ne dites pas ça, ne dites pas ça ! », fit le millionnaire qui semblait touché sinon bouleversé par la sincérité du jeune homme, et son projet.

Leonardo aussi paraissait affecté. Et ses yeux déjà si graves avaient acquis une profondeur encore plus grande.

— Il y a une provision peu connue de la loi du karma, et parfois, de manière exceptionnelle, on peut l'appliquer… s'empressa de dire le millionnaire.

— Je pourrais alors avoir du succès et vivre mes rêves tout de suite, même mes rêves les plus fous ? »

9

« Montrez-moi votre main ! »

La requête étonna le jeune homme.

Il n'avait jamais vraiment cru dans les cartomanciennes, diseuses de bonne aventure, voyantes et compagnie.

Mais le millionnaire était... millionnaire : alors il devait un peu savoir de quoi il parlait, non ?

David de Bormes regarda spontanément Leonardo qui lui fit comprendre qu'il ne devait pas hésiter à accéder à la demande du millionnaire même si elle était un peu inusuelle.

Il consentit enfin à tendre sa main droite au vieil homme.

« L'autre main... », exigea-t-il aussitôt.

Il la lui présenta.

Le vieil homme la prit, l'examina.

Une ride profonde traversa son front.

Il ferma les yeux et se recueillit.

Le gamin l'imita aussitôt même s'il ne savait probablement pas à quoi il devait réfléchir, ce qui arracha un sourire amusé au jeune homme.

Enfin le millionnaire ouvrit les yeux et décréta :

« Dix-neuf ans... »

En entendant sa voix, Leonardo ouvrit les yeux et prit l'air le plus philosophique qu'il pouvait.

« Euh je... je ne voudrais pas vous contrarier, mais j'ai 21 ans.

— Non, je veux dire, il vous faudra attendre 19 ans avant de connaître le succès. »

Curieux, Leonardo s'était approché, comme si cette science aussi bizarre que douteuse l'intéressait. Ou qu'il la connaissait déjà.

« Regarde ici, fit le millionnaire en touchant un endroit précis dans la paume de David, la ligne du destin prend une direction nouvelle, on voit une étoile qui brille, c'est le point de bascule...

— Vraiment, elle brille vraiment », dit le gamin.

Et, pour preuve, il tira d'une de ses poches des lunettes fumées, et les chaussa. Comme pour protéger ses yeux d'un éblouissement pernicieux.

David pensa qu'il jouait la comédie, par complaisance à l'endroit de son maître ou qu'il voulait plus probablement se moquer de lui : il ne voyait pas d'étoile et était encore moins ébloui !

Et de toute manière, la seule chose qui l'intéressait, c'était d'avoir du succès comme comédien.

« Dix-neuf ans ? s'inquiéta-t-il à haute voix. Je n'aurai pas de succès avant d'avoir 40 ans ! C'est un peu déprimant.

— Parfois la vie ne nous donne pas ce qu'on voulait, mais en revanche elle nous donne la seule vraie chose qui convenait à notre degré d'évolution.

— Vous voulez dire que je ne suis pas assez évolué, pas assez avancé sur la chaîne alimentaire pour réussir comme comédien.

— Non, au contraire.

— Je... je ne suis pas sûr de vous suivre...

— J'ai parlé avec le directeur du Ritz, il m'a dit toutes les qualités que vous aviez, votre mémoire phénoménale, ces quatre ou cinq langues que vous parlez... Et je vois d'autres qualités encore plus belles et plus prometteuses de bonheur dans votre main.

— Vraiment ? »

David de Bormes n'avait pas l'habitude des compliments.

Il n'en avait jamais reçu de sa mère, trop occupée à gérer son malheur et celui de son père, et ce dernier, n'en ayant jamais reçu, ne lui en n'avait jamais fait.

« Oui, des qualités qui vous permettraient de connaître tout de suite la troisième vie, sans vous attarder à la deuxième ?

— La troisième vie ? »

10

« La première vie, dit le millionnaire, c'est la Vie Ordinaire, que la majorité des gens vivent. Résignés, endormis, mécaniques en toute chose, manipulés par la publicité, et ne pensant jamais autrement qu'avec les idées reçues, ils passent une vie qu'ils s'efforcent d'être la plus confortable possible en recourant à tous les somnifères, tous les analgésiques et tous les divertissements que la société leur offre. Ils gagnent leur vie, comme ils peuvent, ont une famille ou pas, des enfants ou pas. Meurent sans vraiment savoir ce qu'ils sont venus faire ici.

— Je vois.

— La deuxième vie, c'est la Vie de Rêve.

— J'aime ce mot, moi, mon rêve serait de devenir comédien. Riche et célèbre de surcroît. C'est banal, je sais.

— Mais au moins vous avez l'honnêteté de l'admettre.

— Oui, être libre de faire ce que je veux, quand je veux, de voyager quand j'ai envie de changer d'air, de ne pas à avoir constamment à me demander comment je paierai mon loyer, mes factures, ma voiture. Être libre, mais surtout le devenir en vivant mon rêve qui est d'être comédien.

— Je comprends… Et d'une manière, c'est bien de tenter de vivre la Vie de Rêve. Mais deux choses peuvent se produire et se produisent toujours quand on tente de vivre la Vie de Rêve.

— Deux choses ?

— Oui, deux choses. Soit on ne réalise pas ses rêves, et on continue de vivre la Vie Ordinaire. Soit on les réalise, et après un temps, ce qui nous semblait la Vie de Rêve redevient la Vie Ordinaire. »

Ce fut plus fort que lui. Le jeune homme pensa à l'affichette publicitaire qu'il avait vue dans la vitrine de la librairie, pour annoncer la biographie de Steve Jobs. À la veille de sa mort, après avoir connu un succès que peu de gens peuvent connaître, après, en somme, avoir vécu la Vie de Rêve, le génial fondateur d'Apple disait à quelques nuances près la même chose. Que, au début, être riche et couvert de gloire pouvait être excitant, mais devenait bientôt un état auquel on s'habituait, qui était banal somme toute, et que si par surcroît pour atteindre cette vie on avait sacrifié les êtres proches, on faisait la plus grande erreur.

— Vous me suivez ? demanda le millionnaire

— Oui, parce que pas plus tard qu'hier j'ai lu la lettre d'adieu que Steve Jobs a laissée derrière lui et qui est en quelque sorte son testament spirituel. Mais je suis curieux, dites-moi, quelle est donc la troisième vie.

— C'est la Vie Magique. La plupart du temps, on y parvient après qu'on ait connu la Vie de Rêve. Dans la vie précédente, on était né ambitieux, ou on l'était devenu par quelque injustice utile du destin, par quelque malheur ou chagrin envoyé comme secret agent nécessaire de notre succès, et on a vécu la Vie de Rêve. On en a aussi vu les grandeurs et les misères. On a vu que bien souvent elle contient secrètement un fruit bien amer. Même si presque tout le monde la désire, cette vie, car c'est ce que la société nous vend, c'est la Grande Illusion, d'une manière.

« Lorsqu'on revient sur terre, si tel est notre destin, car on peut aussi renaître ailleurs, car vaste est l'univers, on veut vivre la Vie Magique, même si on a toutes les qualités intérieures pour revivre la Vie de Rêve, et certains choisissent de la revivre plusieurs fois, car ils n'en ont pas encore compris la leçon. Votre ami philosophique accidentel, Steve Jobs, voudra sans doute la Vie Magique quand il reviendra ici. Il ne sera pas aussi illustre, il ne sera pas aussi riche, mais il sera plus heureux. Car il reviendra avec la connaissance de ce qu'est vraiment le succès. Il ne perdra pas de temps à vouloir en connaître à nouveau et se consacrera à la Vie Magique.

— Mais alors je fais quoi de mon rêve de devenir comédien ? Je le laisse tomber ?

— Ce serait une décision bien subtile de votre part. Vous éviteriez une grande perte de temps sur le long chemin de la Vie, qui est le long chemin de la Réalisation de Soi. Vos qualités intérieures sont suffisamment développées, vous avez accumulé suffisamment de mérites pour vous consacrer tout de suite à la Vie Magique. Mais le ferez-vous ?

— Je… je ne sais pas, je… je ne connais pas ces choses dont vous me parlez… Elles sont nouvelles pour moi, et sans doute vraies, mais comme elles sont nouvelles, c'est difficile pour moi de savoir si elles sont vraies et surtout si elles sont utiles dans ma vie.

— Je vais vous poser la question différemment. Je l'ai posée à des centaines de gens et tous me répondent la même chose. Serez-vous différent ? Serez-vous capable de faire preuve de la plus grande originalité, plus grande que celle des plus grands artistes, plus grande que celle des plus grands hommes d'affaires ?

— Dites-moi la question et je vais tenter de ne pas vous décevoir !

— Si je vous dis, je vous donne le choix, le choix le plus important de votre vie. Si je vous dis, je vous donne tout le succès que vous voulez au monde et en plus un million de dollars, même plus si vous négociez commodément avec moi, car la somme est devenue dérisoire en notre époque d'inflation galopante, mais vous ne serez pas heureux, malgré cet argent, malgré ce succès. Ou alors je ne vous offre ni succès ni argent, mais vous connaîtrez le bonheur véritable et durable, lequel choisirez-vous ? »

Le jeune homme réfléchit un instant, rougit (par honte coupable de prévisible, mais lucide banalité) puis dit :

« Je pense que je ferais comme tout le monde. Je serais banal en mes choix. Je vous dirais : donnez-moi le succès, donnez-moi le million, je vais me débrouiller pour être heureux quand même. C'est ce que tout le monde répond, n'est-ce pas ?

— C'est ce que tout le monde répond, en effet. Même si c'est illogique.

— Désolé de vous décevoir, mais pouvoir être comédien, n'être que comédien, me glisser à volonté dans la peau d'un personnage, vivre sa vie, dire des répliques brillantes ou tristes, vivre des émotions intenses qui me changent de la banalité de l'existence, c'est ce que j'aime faire, c'est mon rêve. Et puis il y a si longtemps que j'en arrache financièrement et que je n'ai pas de succès qu'il me faut les deux. Pour la célébrité, d'ailleurs un comédien n'a pour ainsi dire pas le choix. Pour pouvoir faire son métier, et ne faire que son métier et ne pas être obligé de faire des choses qu'il n'aime pas faire, qui sont juste alimentaires, il doit être connu. D'ailleurs soit dit en passant, je ne vois vraiment pas comment vous pourriez faire pour me donner ces deux choses. Pour l'argent peut-être, c'est facile, vous êtes millionnaire – ou milliardaire, désolé, de vous avoir insulté…

— *It's only money* ! se permit de plaisanter en anglais le millionnaire, vu que David de Bormes ne connaissait guère de bornes langagières.

— Mais pour le succès, pour la célébrité, ça ne s'achète pas.

— C'est ce qu'on croit», dit un peu mystérieusement le millionnaire.

Il y eut un bref silence. Puis le jeune homme dit:

«Mais vous allez me demander quoi en échange? Que je tue votre femme ou élimine votre maîtresse qui veut vous faire chanter pour vous arracher des millions?

— Ma seule maîtresse est la philosophie, et ma femme est morte depuis longtemps, hélas. Cancer du sein à 39 ans. Elle fumait comme une cheminée, c'était son seul défaut. Mais comme c'était mon âme sœur, je n'ai jamais pu la remplacer. D'ailleurs comment aurais-je pu? Elle est encore là, tout près de moi. Je sens sa présence, comme celle d'un ange.»

Edgar et le gamin blond connaissaient cette histoire, et affichaient en même temps un air triste.

«Je... je suis désolé...»

Une autre pause silencieuse, assez brève, et David de Bormes demandait:

«Mais alors pourquoi faire ça pour moi?

— Vous posez beaucoup de questions.

— Vous me donnez peu de réponses. *Allora*?»

Allora qui est le mot italien pour la question: Alors? Mais qui a aussi d'autres sens, 50 autres nuances ou presque: c'en est chinois à la fin!

Son père, qui comme lui avait le mystérieux don des langues, et parlait toutes les langues que parlait David, mais en plus le japonais, le chinois, le mandarin pour être plus précis, et il lisait en outre Dostoïevski dans le texte, qu'il trouvait moins précieux, mais plus vrai que ses traductions en français, son père donc, disait souvent, *Allora*? Et il disait aussi *Andiamo,* qui veut dire: Allons! Même si chez lui cet optimisme était faux, ou en tout cas inutile, car il avait fini la corde au cou et ce n'était pas une figure de style pour dire qu'il s'était marié. Trop libre, trop torturé, il avait toujours fui cette obligation qui pourtant lui aurait fait le plus grand bien.

Le millionnaire avança le simple argument :

« Vous m'avez sauvé la vie au Ritz.

— Je ne faisais que mon métier de chasseur.

— Peut-être me rappelez-vous mon fils.

— Vous avez un fils ?

— J'avais un fils. Mais il est mort à 21 ans. Il s'est suicidé. Il voulait être peintre, je voulais qu'il suive mes traces en affaires. Nous avions donc un différend. En fait un problème. Je l'ai pour ainsi dire abandonné. À son sort. Je voulais lui prouver qu'il avait tort. La raison du plus fort. Il faut dire que je n'avais pas beaucoup de temps à lui consacrer. J'étais trop occupé à faire fortune. Je n'ai pas vu à temps que j'étais en train de le perdre. On souffre souvent de courte vue, dans la vie.

« Oh, je... »

Et David de Bormes pensa que, en effet, le millionnaire voyait peut-être en lui son fils perdu et qu'il voulait l'aider par procuration ou à retardement, c'est selon.

Edgar et Leonardo connaissaient cette histoire aussi, comme celle de sa femme emportée prématurément par la maladie. Edgar avait les larmes aux yeux, Leonardo avait abaissé les paupières.

« Alors, que décidez-vous ? demanda le millionnaire.

— Je voudrais le succès, mais je ne vois vraiment pas comment vous allez pouvoir me le donner ou me l'acheter malgré votre immense fortune. »

Le millionnaire se tourna vers Leonardo et demanda :

« As-tu dans ta mallette une Fiole des Mérites ? »

11

« Une Fiole des Mérites ? demanda le jeune homme, intrigué.

— Oui, une Fiole des Mérites.

— Je… je peux savoir de quoi il s'agit ?

— Oui, c'est simple. Dans chacune de ses existences, un être peut accumuler des mérites. Des mérites qui sont attribuables à ses bonnes actions, à ses bonnes pensées, à sa charité, à ses sacrifices, à sa discipline intérieure et à sa pureté. Ces mérites, il peut en récolter les fruits en cette vie ou en une vie future. Mais il peut aussi, si je puis dire, les embouteiller.

— Les embouteiller ?

— Oui, certains alchimistes accomplissent cette tâche mystérieuse.

— Les alchimistes qui supposément transforment le plomb en or ?

— Mais ils ne font pas que ça. En tout cas, mon vieil ami alchimiste, le docteur Hermès Trismégiste, peut distiller les mérites d'un être et les condenser dans la Fiole des Mérites. Elle contient un élixir qu'on peut donner à un ami, un parent, et aussi à un étranger, et lorsque ces heureux bénéficiaires boivent cet élixir, la chance, le bonheur, la santé et l'amour heureux leur sont transmis pour un temps, selon la condensation et la puissance de l'élixir.

Le jeune homme sourcilla : ça lui semblait bien mystérieux tout ça.

Le millionnaire se tourna alors vers le gamin blond et dit :

« Leonardo, s'il te plaît ! »

Sans qu'il eût à lui donner des instructions plus précises, le gamin tira de sa mallette dorée et ailée une petite fiole de verre qui contenait un liquide doré qui semblait recéler de minuscules et innombrables étoiles tant il scintillait.

Le gamin remit la fiole au millionnaire, qui la tendit à David.

Ce dernier l'examina, demanda :

« Mais je… je me demande en quoi cet élixir pourrait m'aider à connaître le succès rapidement.

— Cette fiole contient 20 ans de mes mérites passés. Selon les lignes de votre main, il vous manque 19 ans et des poussières pour connaître le succès comme comédien.

— Je… je ne suis pas sûr de vous suivre…

— Si vous buvez ce philtre, vous connaîtrez à 21 ans le succès que vous auriez normalement connu à 40 ans.

— Vraiment ?

— Oui. »

Le jeune homme considéra à nouveau la fiole.

C'était diablement tentant.

Et en même temps un peu inquiétant.

Mais…

Il connaîtrait du jour au lendemain la Vie de Rêve.

Voyant son hésitation, le millionnaire dit :

« Dans toute vie, pour atteindre le succès, pour atteindre le bonheur vrai, il faut prendre des milliers de bonnes décisions. Maintenant est venu pour vous le temps de prendre la plus grande décision de votre vie.

— Je suis prêt.

— Alors la question est : vous tenez vraiment à devenir un comédien célèbre ?

— Oui, je… je le veux. Vraiment. Pas seulement pour moi, pour vous dire toute la vérité. Mais aussi, mais surtout pour mon père.

— Votre père ?

— Mon père qui était un comédien raté et qui s'est pendu parce qu'il n'avait pas réussi à aller au bout de ses rêves.

— Oh, je vois... dit avec émotion le millionnaire.

— Je veux devenir un comédien célèbre pour que mon père soit fier de moi. Il n'est plus là et n'y sera jamais plus, je sais. C'est une évidence, l'évidence de la mort, qu'on comprend même si on n'est pas diplômé *maxima cum laude* de Harvard, comme votre ami le docteur Hong. Mais je voudrais quand même que mon père, Alberto, il s'appelait Albert, mais tout le monde l'appelait Alberto, car il avait le charme d'un Italien, un Italien du Nord, je précise, avec des cheveux blonds, comme moi, je voudrais qu'il soit fier de moi en espérant que l'au-delà existe et qu'il puisse me voir de là, et qu'il trouve que son seul fils est encore assez intéressant pour lui, même s'il est mort et a peut-être autre chose à faire, dans le vaste univers. »

Comment répondre à semblable réplique ?

Même si on est persuadé d'avoir raison l'autre parfois aussi a raison.

Le millionnaire réfléchit à l'objection, mais comme il avait toujours été un homme de décision, bonne ou pas, – ce qui lui avait quand même valu ses millions – il dit au bout de sept secondes :

« Je comprends. Alors buvez ! Et que cet élixir vous permette de vivre tous vos rêves, même les plus fous. »

D'une main tremblante, David retira le bouchon de la fiole, en observa les motifs, non sans une inquiétude, d'ailleurs grandissante.

Il y avait une pyramide, au sommet de laquelle se trouvait un œil unique, un peu comme sur les billets américains.

Il y avait aussi un serpent qui se mordait la queue, symbole de l'éternité, comme chacun sait.

Il y avait des fleurs.

Des roses belles et glorieuses.

Ces motifs firent naître une hésitation dans le cœur de David, ébranlèrent sa certitude première.

Mais il pensa à nouveau à son père, à son triste et inutile rêve de devenir comédien, et enfin il sentit qu'il n'avait d'autre choix que de porter la fiole à sa bouche.

« Mais avant, une dernière chose, dit le millionnaire.

— Une dernière chose ? », s'enquit David, qui se retint de boire tout de suite.

12

« Oui. Regardez bien le visage de Leonardo et regardez bien la rose sur sa veste ! Souvenez-vous de ce visage, et souvenez-vous de cette rose !

— Mais... pourquoi ?

— Parce qu'un jour votre bonheur en dépendra.

— Pourquoi en dépendrait-il ?

— Parce qu'un jour, qui est plus proche que vous ne croyez, vous vous lasserez de la Vie de Rêve, et vous voudrez vivre la Vie Magique. Mais il vous faudra alors vous souvenir de ce visage et de cette rose. Qui vous permettront de retrouver le chemin de votre véritable destin. »

Le chemin de son véritable destin...

L'avertissement était sérieux, presque grave.

Même s'il ne comprenait pas vraiment ce que pouvait être le chemin de son véritable destin...

David de Bormes regarda avec obéissance la rose sur l'épinglette. Puis, se pliant aux avertissements reçus, il regarda le visage du gamin.

Il eut une ultime hésitation, leva la fiole comme s'il levait un verre d'alcool et dit, l'œil humide :

« *This one's for you, Daddy* ! (Je bois ce verre à ta santé, Daddy !) »

Et il but l'élixir doré qui, supposément, transférerait du millionnaire à sa personne les mérites de 19 années de vie.

D'abord, il ne sentit rien.

Et il plissa les lèvres. Regarda avec déception la fiole vide.

Puis il éprouva une sensation bizarre.

Sa vue se brouilla.

Ou il hallucina.

Il lui sembla que le gamin n'avait pas 6 ans, mais plutôt, comme il l'avait prétendu, 6 ans et 5111 jours : en effet, on aurait dit qu'il avait vieilli, et que, subitement, il avait 20 ou 21 ans.

Quant au millionnaire, il semblait avoir, à l'opposé, subi une cure de rajeunissement : on aurait dit qu'il n'avait plus que 20 ans, qu'il était un jeune homme radieux, au sourire plein d'optimisme, prêt à mordre à belles dents dans la vie devant lui.

Étonné, David eut un mouvement de recul, crut que peut-être il avait avalé un poison.

Même si sa mère ne l'avait jamais vraiment aimé, en tout cas ne s'était jamais occupée de lui, l'avait toujours ignoré, il soupira, comme s'il était au point de rendre l'âme : « Maman… »

Puis sa vision se brouilla tout à fait et il perdit connaissance.

13

Certains réveils sont plus étonnants que d'autres.

Celui que vécut David de Bormes le lendemain matin fut sûrement le plus surprenant de sa vie.

Il s'éveilla en effet dans un grand lit.

Dans une chambre immense.

Qu'il n'avait jamais vue, et qui était à elle seule aussi spacieuse que son appartement tout entier.

Il y avait même un petit salon attenant à la chambre, une bibliothèque, un bar.

Il y avait des vases remplis de roses.

Aussi des lampes et des bibelots qui de toute évidence n'avaient pas été achetés chez Walmart ou dans un bazar.

Le jeune homme se rendit compte qu'il avait dormi tout habillé.

Dans son costume de chasseur du Ritz.

Pourtant, il lui semblait que, la veille, il portait un smoking…

Mais il n'en était pas absolument certain…

Mais comment diable avait-il pu aboutir dans cette chambre au plafond si élevé, et décoré de caissons ?

Il se frotta les yeux.

Se souffleta.

Comme pour vérifier s'il dormait ou pas.

Et comme la vision ne se dissipait pas, il se pinça : peut-être faisait-il simplement un rêve.

Mais non, il était encore allongé dans cette chambre somptueuse !

Il se frappa le front, s'exclama, ravi : Clara Visconti !

Il avait passé la nuit avec cette belle et excentrique princesse italienne, dans une de ses innombrables propriétés.

Il sourit.

Elle avait dû, comme la première fois, jouer les filles de l'air (dans son cas, il aurait fallu dire princesse de l'air, d'autant plus qu'elle voyageait dans un Lear Jet, qui appartenait à sa mère, mais quand même !) partir en vitesse, mais lui avait sûrement laissé un mot doux.

Sur son oreiller.

Mais vérification faite, pas de mot, doux ou pas.

Il avisa alors, sur la table de chevet à sa droite, un seau en argent véritable, dans lequel était renversée une bouteille de champagne forcément vide.

Il y avait aussi deux flûtes.

L'une d'elles avait été utilisée de toute évidence : il y restait un petit fond de champagne.

Mais dans l'autre, rien.

Et surtout, surtout, pas de trace merveilleuse et magique, et romantique du rouge à lèvres de Clara Visconti, qui se peinturait habituellement généreusement la bouche, et comme elle l'avait pulpeuse, comme tout le reste de sa noble personne…

En un flash-back délicieux, David de Bormes pensa et revit justement cette bouche de rêve.

Qu'il avait embrassée.

Et qui l'avait embrassé.

Pas juste sur la bouche.

Mais partout où un homme souhaitait être embrassé.

Il sourit en pensant qu'elle n'avait quand même pas eu froid aux yeux, cette princesse italienne, de lui accorder pareille faveur le premier soir.

Il chassa cette vision divertissante, revint à l'évidence : il avait bu la bouteille de champagne seul.

Pourtant il n'avait pas de mal de bloc, ce que semblable excès, du reste exceptionnel chez lui, aurait normalement produit !

Et aussi pourquoi deux flûtes au lieu d'une ?

Sa compagne lui avait-elle fait faux bond à la dernière minute ?

Il examina le second oreiller, qu'il avait soulevé pour y chercher un mot de la princesse : il n'y avait pas de long cheveu de femme, et la place paraissait intacte... De toute manière, s'il avait dormi en douce compagnie, il n'aurait forcément pas dormi dans son uniforme de chasseur...

Bon, il résoudrait plus tard cette équation à deux... ou trois inconnues !

Il regarda une dernière fois les flûtes de champagne, aperçut alors un charmant petit réveil doré et rond qui portait de chaque côté de petites ailes, peut-être pour rappeler au voyageur distrait que les minutes s'envolaient : *tempus fugit*.

Il était déjà 7 h 33.

David de Bormes commençait à travailler dans une petite demi-heure !

Même atteint d'amnésie soudaine et fragmentaire, il se souvenait de cette mortifiante obligation.

Pas le temps de se doucher ni de se raser.

Il sauta du lit, sortit à toute vitesse de la chambre.

Se retrouva dans un large corridor.

Sur lequel donnaient sept ou huit portes qu'il n'osa pas ouvrir.

Il pensa en effet qu'il se trouvait dans un hôtel.

Mais ce n'était pas le Ritz : il l'aurait reconnu.

En plus, les portes étaient de toute évidence en acajou, donc beaucoup plus luxueuses que les portes du Ritz. À l'impossible, nul hôtel – même cinq étoiles – n'était tenu !

Le corridor le mena au sommet d'un escalier somptueux.

Il comprit qu'il n'était pas dans un hôtel, mais dans une résidence privée.

Une domestique en uniforme, assez rondelette, et au visage agréable, l'attendait au bas de l'escalier avec un sourire avenant.

« Bon matin, monsieur. Vous allez prendre votre déjeuner ici ou à l'hôtel ?

— Euh… à l'hôtel.

— Vous allez prendre quelle voiture ?

— Euh, laissez-moi y penser ! »

Il pensait plutôt que toute cette scène était vraiment surréaliste, hallucinante.

« Vous me rappelez votre prénom, je… j'ai tellement de choses dans la tête depuis quelque temps que je…

— Adèle, monsieur. À moins que vous préfériez m'appeler autrement, vous êtes mon patron après tout, un prénom n'est pas si important. Une rose, même si on l'appelle autrement, reste une rose.

— Vous avez des lettres, Anèse.

— Je tente de vous imiter, monsieur, et comme je vous disais, je ne m'appelle pas Anèse, mais Adèle. Mais si vous préférez m'appeler Anèse, ce n'est pas grave. Mon mari m'appelle souvent Adelinda, qui est le prénom de sa mère. Des fois je me demande s'il ne m'a pas épousée exactement pour ça, parce que je lui rappelle sa mère. Je vais relire Freud.

— D'accord, Anèse. Je veux dire Adèle. Mais, dites-moi, votre patron, c'est moi ?

— C'est une question ou une observation ? Est-ce qu'il y a quelque chose dans mon service ou mon attitude qui vous a causé quelque insatisfaction ?

— Il ne me vient vraiment rien à l'esprit. »

Il n'avait jamais dit aussi vrai de toute sa vie !

Il n'y avait vraiment rien qui lui venait à l'esprit.

En fait il ne connaissait cette domestique ni d'Ève ni d'Adam.

« Vous me rassurez. Car travailler pour vous, je l'avoue, c'est vraiment la vie de rêve pour moi… »

Il murmura, perplexe :

« La vie de rêve… »

Il lui sembla qu'il avait déjà entendu cette expression : vie de rêve. Mais il ne se souvenait vraiment ni où ni quand.

De toute manière, il y avait trop de choses qui se passaient en même temps, ce matin-là.

« Oui, la vie de rêve. J'ai toujours rêvé de travailler pour quelqu'un comme vous, un grand comédien.

— Un grand comédien ?

— Oh ! ne faites pas le modeste ! »

Il eut un sourire niais. Adèle reprit :

« Vous ne m'avez pas encore dit quelle voiture vous souhaitiez prendre.

— Euh, ma Porsche, tenta-t-il, car c'était sa voiture… de rêve.

— Laquelle ?

— Je viens de vous le dire : ma Porsche.

— Non, je veux dire laquelle de vos Porsche ? Monsieur en a cinq.

— Oui bien sûr… Je ne sais pas où j'avais la tête. Je… je vais prendre la… euh… la plus vieille.

— Bon choix : c'est ma préférée ! Je demande à Edgar de l'avancer tout de suite. »

Elle appela Edgar avec son cellulaire, lui donna de brèves instructions puis revint à David, qui en avait profité pour admirer le vaste hall d'entrée sur lequel menait l'escalier qu'il venait de descendre.

Adèle reprit la conversation :

« Si je puis me permettre, et même si ce n'est pas de mes affaires… vous allez bien, monsieur ?

— Oui, oui, juste un peu de fatigue.

— Normal, avec la vie que vous avez ! »

Avec la vie qu'il avait…

Il n'avait aucune idée de ce qu'elle pouvait vouloir dire.

Il ne répliqua rien.

Le mystère s'épaississait.

De toute manière, il n'en trouverait pas la clé là, avec Adèle. Il était pressé. Il n'avait qu'une idée en tête : ne pas arriver en retard au bureau, qui pour lui était le Ritz, pour ne pas se faire à nouveau congédier.

Il avait un loyer à payer, il était criblé de dettes…

Trente secondes plus tard, lorsqu'il sortit de la maison qui était en fait un manoir somptueux, il y avait, préparée pour lui, une rutilante Porsche 911 noire, décapotable avec un intérieur de cuir rouge.

Il ne se rappela pas ce détail, mais c'était exactement comme il l'avait rêvé, avant l'audition alors qu'il était persuadé obtenir le rôle dans une grosse production américaine et s'était imaginé la vie qu'il aurait alors qu'il aurait reçu le rondelet cachet de 350 000 $, comme quoi la loi de l'attraction marchait peut-être. Parfois. Malgré ses nombreux détracteurs.

La clé de la Porsche de rêve était déjà dans le contact.

Le moteur tournait, pour mieux dire ronronnait avec un son infiniment musical, je veux dire pour tout amateur de voiture sport.

Qui de surcroît n'avait jamais eu les moyens de s'en offrir une !

Excité – même s'il ne comprenait rien à sa chance – David monta dans le bolide racé (ce qui constituait un peu une contradiction dans les termes, car il portait un modeste uniforme de chasseur du Ritz ou pas, et de surcroît fripé puisqu'il avait dormi avec !) posa avec excitation ses mains sur le volant, remarqua alors qu'il avait une nouvelle montre, au poignet gauche, qui était en fait la Rolex du millionnaire. Il fronça les sourcils. Décidément, il y avait beaucoup de choses qui lui échappaient !

La luxueuse montre-bracelet ne lui révélait pas son secret, mais lui donnait l'heure et lui rappelait qu'il n'avait pas de temps à perdre.

Il ne lui restait que 10 minutes pour se rendre au Ritz ! S'il ne voulait pas perdre son emploi pour cause de retards trop fréquents, il lui fallait se manier !

Pourtant, il sourit, même s'il ne comprenait pas ce qui lui arrivait.

Il était au volant d'une Porsche 911, gonflé de la confiance que donne un bolide à la plupart de ses conducteurs même si la voiture est louée, ou empruntée, qu'ils sont au bord de la faillite, et que, dans trois jours, ils devront en rendre les clés pour cause de paiements tardifs !

Il s'engagea sur le long chemin qui menait du manoir vers la rue. Il était bordé d'arbres magnifiques, de lampadaires, de statues anciennes, peut-être romaines. David nota aussi, émerveillé, la présence d'un vert de pratique de golf et d'une magnifique roseraie, avec des fontaines.

Un mur en pierres des champs protégeait le vaste domaine.

Il y avait une grille métallique, fort haute, et stylisée, avec en son centre la lettre « M » et des entrelacs de roses.

Lorsqu'il arriva devant elle, David se demanda comment il allait pouvoir sortir, mais la porte s'ouvrit comme par magie.

Inquiet, il regarda à la ronde, aperçut alors une guérite. Lorsqu'il passa devant, il y nota la présence d'un gardien qui le salua d'un simple sourire. Comme s'il le connaissait. Il le salua à son tour.

Fonça à toute vitesse vers le Ritz.

Mais quelques secondes plus tard, il entendit derrière lui le gyrophare d'une voiture de police.

« Merde ! pesta-t-il. Comme si j'avais besoin de ça ! »

Décidément, sa vie était une succession ininterrompue de surprises – et de crises !

On aurait dit un mauvais feuilleton du 19e siècle !

Il ralentit, espéra que le gyrophare s'adressait à un autre conducteur que lui : mais non !

La voiture de police lui collait aux fesses, ne suivait pas un autre chauffeur délinquant, s'intéressait de toute évidence à lui, exclusivement à lui.

Il fulmina. N'eut d'autre choix que de se ranger le plus vite qu'il put.

Pour se préparer à affronter le policier et accélérer les choses – pour ne pas arriver trop en retard au travail ! – il prit son portefeuille, l'ouvrit.

Il arrondit les yeux, émerveillé.

Son contenu était différent, mais alors là complètement différent de ce à quoi il était habitué !

14

Il y avait en effet une grosse liasse de billets de 100 $.

Au moins 75, et peut-être 100 !

Étonné, enchanté, David voulut spontanément les compter, pour se rendre vraiment compte de quelle exacte fabuleuse somme les bizarreries du hasard l'avaient gratifié.

Il n'en revenait tout simplement pas !

Comment cet argent avait-il pu aboutir dans son portefeuille !

Il eut aussitôt un sourire d'entendement.

La princesse Visconti, qui, décidément, après une seule nuit, occupait déjà son esprit, avait subrepticement glissé ces billets dans son portefeuille même si elle savait qu'il était baron et de la famille Rothschild.

Illogique ?

Surtout qu'elle n'avait pas bu une seule goutte de champagne, comme en témoignait la sécheresse de sa flûte sur la table de nuit et l'absence de traces de rouge sur son rebord, qui lui rappelait le rebord de ses lèvres, de toutes ses lèvres, qu'il avait toutes honorées, longuement et amoureusement et religieusement et savamment.

Mais un peu bizarrement, il éprouva une soudaine réticence à toucher les surprenants billets, comme si…

Comme s'il avait peur de se brûler les doigts en les effleurant seulement !

Se rappelait-il inconsciemment le surprenant épisode où le bien-nommé Jean le Voyou s'était brûlé les doigts en touchant imprudemment les billets de banque dans le portefeuille du millionnaire même si, comme il l'en avait aimablement prévenu, il provenait de la Banque de Dieu : ne les palpait pas qui voulait ?

Il n'eut pas le temps de trancher cette mystérieuse question.

Un policier s'apprêtait à lui poser des questions, à lui demander ses papiers, à lui coller une contravention.

Il frappait d'ailleurs à la fenêtre de la Porsche.

David n'eut d'autre choix que de l'abaisser.

Le policier lui dit d'abord, d'une voix aussi autoritaire que déplaisante :

« Vos papiers ! »

Mais aussitôt, il le reconnut, baissa la tête, embarrassé et dit :

« Oh ! monsieur de Bormes, je m'excuse infiniment de vous avoir parlé ainsi, je ne savais pas que c'était vous. Pas besoin de me montrer vos papiers, évidemment.

— Merci, c'est gentil. D'autant que je... que je suis en retard, je dois être au Ritz dans 15 minutes.

— Je vous escorte. Suivez-moi ! »

Le policier mit son gyrophare, empli d'un sentiment de reconnaissance aussi immense qu'imbécile.

Fonça vers le Ritz.

David n'eut aucune peine à le suivre : il roulait en Porsche, lui seulement en Ford.

Il n'aurait jamais pu s'imaginer ce qui l'y attendait.

15

À l'entrée du Ritz, monsieur Guy l'accueillit à bras ouverts, avec ces mots de soulagement :

« Tout le monde vous attend, monsieur de Bormes. »

Tout le monde l'attendait !

Qui pouvait bien l'attendre ?

De toute sa vie, à la vérité, personne ne l'avait jamais attendu, si ce n'est sa mère, pendant neuf mois !

Lui seul avait toujours attendu tout le monde !

Il lui faudrait relire Beckett.

En attendant Godot.

Ou alors *La Cantatrice chauve.*

De Ionesco.

Dans quel rêve bizarre vivait-il ?

La suite des choses ne ferait rien pour l'aider à y voir clair !

Loin de là !

Après avoir donné des instructions à un valet pour que la Porsche reste devant l'hôtel, à portée de la main, si j'ose dire, monsieur Guy leva un pouce approbateur :

— Génial, l'idée de porter le même uniforme que pour votre rôle. Les journalistes vont aimer !

Les journalistes ? pensa le jeune homme.

Pourquoi des journalistes ?

Et de surcroît, pourquoi aimeraient-ils ?

Il fouilla dans son portefeuille pour en extraire un pourboire. Chercha en vain autre chose que des billets de 100 $.

Il en tendit finalement un à monsieur Guy, et ne se soucia pas d'attendre naïvement pour de la monnaie, dit même :

« Vous pouvez tout garder. »

Car malgré son amnésie, partielle et sélective, il se souvenait de la martingale du vieux portier rusé.

Qu'il lui avait d'ailleurs enseignée dès qu'il était devenu chasseur pour le même établissement.

Une femme très stylée de 40 ans, qui portait de grosses lunettes noires et qui avait l'air hyper nerveuse, se jeta littéralement sur lui, les bras chargés de dossiers de presse. C'était madame Corfou, Renata de son prénom, qui malgré son nom n'était pas Grecque, mais Italienne et qu'on appelait la grande manitou. Car elle faisait la pluie et le beau temps avec les médias.

« Où étais-tu ? Tu ne réponds plus à ton cellulaire ?

— Euh, je… je l'avais oublié dans une de mes Porsche.

— La misère des riches… Tous les journalistes sont arrivés à l'avance, c'est déjà un hit, la conférence de presse commence dans 30 secondes. »

Elle l'engueulait presque, avec une familiarité qui le déroutait.

Les journalistes, monsieur Guy lui en avait parlé…

Pourtant leur inexplicable présence semblait vraiment plus officielle et plus stressante, annoncée par cette femme qu'il ne connaissait ni d'Ève ni d'Adam, mais qui, elle, semblait le connaître et avoir des droits sur lui.

À nouveau, il était interloqué.

« En passant, tu aurais pu te raser et te passer un coup de peigne.

— Je me suis réveillé en retard.

— Je ne te demanderai pas avec qui. Tu ne dois même pas t'en souvenir.

— Je ne m'en souviens pas en effet.

— Tu joues avec le feu, *darling*. Ta princesse voyage peut-être beaucoup, mais elle a des yeux partout.

— Ils sont beaux au moins.

— Très drôle, mais on en parlera une autre fois. Allez vite… »

Bien sûr ça avait toujours été son rêve de devenir célèbre.

Mais la chose s'était passée vraiment plus rapidement qu'il n'avait prévu ou même jamais espéré.

Il était véritablement devenu, dans le vrai sens du mot, une célébrité *overnight*, ou si vous voulez, du jour au lendemain.

Il aurait juste aimé savoir comment…

Savoir ce qui s'était passé la veille, l'avant-veille, et quelques autres jours ou mieux encore semaines avant.

Savoir quel était le morceau manquant…

Mais rien…

Rien ne lui venait à l'esprit…

En route vers le Salon Ovale, de très jeunes clientes du Ritz qui l'avaient reconnu s'approchèrent et osèrent lui réclamer un *selfie*. Faveur qu'il leur accorda malgré l'impatience de madame Corfou.

Après la brève séance de photo improvisée, la plus jolie des trois lui remit sa carte en expliquant :

« Je suis actrice, si jamais vous avez besoin de quelqu'un dans votre prochain film, j'adorerais jouer aux côtés de Jennifer Lawrence. C'est mon idole absolue.

— Moi aussi j'aimerais bien jouer à ses côtés », avoua David.

La groupie crut évidemment qu'il plaisantait, trouva la chose d'une drôlerie irrésistible. Éclata de rire.

La porte du Salon Ovale s'ouvrit pour accueillir David.

Il ravala sa salive

David éprouva alors l'envie de fumer…

Là. Tout de suite.

Désir surprenant.

Mais tout était surprenant depuis qu'il avait ouvert l'œil ce matin-là !

Il fouilla dans la poche gauche de sa veste.

Mit la main sur un petit objet froid.

Le tira de sa poche.

C'était la Fiole des Mérites que le vieux millionnaire lui avait fait boire la veille. Elle était vide.

Il la considéra un instant. Il ne se souvenait vraiment pas d'avoir jamais vu cette curieuse petite bouteille. Aussi se demandait-il ce qu'elle pouvait bien faire dans sa poche !

Il en ouvrit le bouchon, poétiquement décoré, la porta à son nez. Ça ne sentait pas du tout l'alcool. Comme la chose aurait été plausible, vu ses nouveaux goûts. Ça sentait plutôt la rose, mais très légèrement. Il remit le bouchon, posa la fiole sur la table, la repoussa avec indifférence.

Assez nonchalamment pour qu'un client du café, d'une jeunesse surprenante, se levât, vînt vers lui et se crût autorisé de lui demander :

« Est-ce que je peux l'avoir ? »

David le regarda.

Vit que c'était un charmant petit gamin blond de six ou sept ans, vêtu fort élégamment d'un costume, et d'espadrilles qui juraient un peu avec l'ensemble.

Ne reconnut pas Leonardo.

Qu'il avait pourtant vu pas plus tard que la veille.

« Euh oui, bien sûr… »

Leonardo fit joyeusement main basse sur la fiole vide et dit merci.

David aperçut alors son épinglette sur le revers de sa veste. C'était la même veste et la même épinglette que la veille, mais il n'en conservait aucun souvenir.

Il plissa le front. Il lui semblait qu'il avait déjà vu cette épinglette. Et sans savoir pourquoi, il sentit qu'elle était importante…

Il scruta un instant sa mémoire.

Mais il était trop fatigué.

Surtout, il avait envie de fumer.

Dans son autre poche, il trouva un paquet de Marlboro.

Quel soulagement !

Il porta une cigarette à sa bouche, mais la serveuse vint aussitôt le prévenir :

« Monsieur de Bormes, c'est interdit de fumer…

— Ah ! D'accord… »

Il rangea à regret sa cigarette.

Madame Corfou revint, demanda, pour ne pas dire ordonna :

« Tu arrives ? »

Il avait encore envie de fumer.

Encore plus fort.

« Donne-moi une minute, demanda-t-il à son attachée de presse, il faut que je passe au petit coin.

— David ! Vraiment… »

Il s'y rendit d'un pas rapide, y courut presque, s'alluma une cigarette. En tira plusieurs bouffées rapides et apaisantes. Un client qui sortait d'une cabine, le vit et lui dit qu'il était interdit de fumer.

David lui demanda ce qu'il voulait dire. Mais en allemand. Le client haussa les épaules. Sortit. David termina en vitesse sa cigarette. Sortit à son tour.

Rejoignit madame Corfou. Qui crut bon de le prévenir :

« Ça va être fou ! »

16

Ce fut fou, en effet.

David de Bormes, nouvelle star du cinéma, rejoignit à la table de conférence deux célébrités qu'il admirait.

La ravissante actrice Jennifer Lawrence, qui tenait le rôle féminin principal, et le génial réalisateur Martin Scorcese.

À qui s'adressa la première question des journalistes.

« Monsieur Scorcese, votre acteur fétiche est Leonardo DiCaprio, et le rôle principal lui convient comme un gant. Pourquoi avoir choisi David de Bormes à sa place ?

— Leonardo a des parents dans la mafia calabraise, mais David vient de la vieille aristocratie française, est-ce que j'avais vraiment le choix, si je voulais sauver ma peau ? »

Rires immenses dans la salle.

« Non, sérieusement, reprit le réalisateur de *Taxi*, de *Raging Bull*, de *Casino* et de tant d'autres chefs-d'œuvre, je préfère laisser à David le soin de répondre à cette question. Après tout, c'est lui qui dit les répliques, moi mon seul travail est de m'assurer que mes acteurs paraissent bien à l'écran, pour ne pas recevoir de lettre de leur agent. »

David prit la balle au bond :

« Leonardo n'était pas disponible.

— C'est moi qui le lui ai demandé, expliqua Jennifer Lawrence et quand je lui demande quelque chose il n'a pas d'autre choix que de dire oui, je sais trop de choses sur lui. (Rires). J'ai aussi demandé la même chose à Bradley Cooper et à Ryan Reynolds, je tenais trop à jouer avec David.

— Je t'avais dit de garder ça secret entre nous deux », plaisanta David.

Applaudissements et rires dans la salle.

Les journalistes se régalaient.

« Madame Lawrence, est-ce que votre petit ami Justin Bieber est au courant de votre insistance à jouer avec David de Bormes ? demanda un autre reporter.

— Qui est Justin Bieber ? », demanda Jennifer Lawrence

Hilarité nouvelle.

Question d'un autre journaliste.

« Monsieur de Bormes, il y a des rumeurs de plus en plus insistantes au sujet de votre mariage prochain avec la princesse Visconti.

— Dans quel journal ?

— Dans tous les journaux.

— Je ne lis pas les journaux.

— Mais vous devez quand même en parler avec la princesse.

— Ça fait un mois que je ne lui ai pas parlé. (Pause et stupeur dans la salle.) Je n'ai pas osé l'interrompre. »

Rires.

Speaking of the devil…

Il y eut un remous dans l'assistance.

Une rumeur grandissante.

Tous les regards – et bientôt tous les flashes et toutes les caméras – se tournèrent vers l'arrière du Salon Ovale.

La princesse Clara Visconti faisait une entrée remarquée. L'expression était faible. Elle avait l'habitude d'avoir toute l'attention et si elle ne l'avait pas spontanément (après une savante préparation!) elle la provoquait, et avec succès.

David, qui la reconnaissait, se leva.

Elle semblait connaître tout le monde, ou tout le monde semblait la connaître. Elle embrassa Jennifer Lawrence, fit quelques plaisanteries avec elle, embrassa Martin Scorcese, Italien comme elle, et donc content de la voir à sa conférence de presse: la royauté fait toujours florès, sauf parmi les rois. Et enfin la belle princesse de rêve se dirigea vers David et au lieu de l'embrasser lui chuchota à l'oreille, en italien, comme pour être bien certaine que même si elle disait un mot plus fort que l'autre, personne ne la comprendrait même si ce n'était pas absolument impossible qu'il y eût un journaliste italien:

«Tu es prêt?

— Prêt?

— Tu n'as pas changé d'idée, j'espère?

— Euh, non...»

Il ne savait pas au sujet de quoi il aurait changé d'idée, visiblement.

«Alors on suit le plan... je glisse la bague dans ta poche...»

Ce qu'elle fit subrepticement. Elle se tourna ensuite vers les journalistes, prit la main de David et sourit, image parfaite du bonheur. David sourit lui aussi. Il se souvenait certes d'avoir passé une nuit avec la ravissante princesse italienne, mais de rien d'autre... Alors la bague était un mystère complet.

Au bout de quelques secondes, la princesse, qui continuait de sourire, dit en italien à David, entre ses dents (qu'elle avait parfaites et blanches):

« Qu'est-ce que tu attends... La bague ! »

Il tira l'écrin de sa poche.

Crépitements redoublés des flashes des photographes.

« À genoux ! dit encore entre ses dents, et en italien, la princesse Visconti. Fais ta demande à genoux ! »

Il s'exécuta.

Pensant que c'était peut-être une sorte de mise en scène pour exciter les journalistes et créer un événement autour du film, en mousser la publicité.

En tout cas il ne se souvenait pas avoir jamais acheté cette bague ni même songé épouser la princesse. Elle était belle certes, adorable et drôle, avec un corps divin, et une fougue amoureuse sans égale, mais elle était une princesse, lui un roturier, ou si vous préférez, il n'appartenait pas à la noblesse, elle, oui.

C'était un peu le monde à l'envers. Normalement, dans une intrigue à la Cendrillon, comme il avait l'impression d'en vivre une, sans n'y avoir jamais rêvé, c'était l'homme qui était le prince (charmant ou pas) et la femme de modeste extraction. Mais trêve de réflexion !

Après tout il était comédien, en tout cas avait toujours rêvé de l'être. Et avait du talent. Ou en tout cas avait toujours cru en avoir. Alors une petite improvisation de plus ou de moins !

Il dit alors à cette princesse de rêve qui attendait avec impatience sa demande, selon toute apparence (ou elle était sincère ou elle était bonne actrice ou alors elle s'était laissé prendre à son propre jeu, ça s'est vu :

« Veux-tu m'épouser ? »

Elle prit la bague, et, les larmes aux yeux, elle répondit : « Oui. »

Elle lui proposa de la lui passer.

Il obtempéra.

Les journalistes s'approchèrent encore.

Ils réclamaient qu'elle leur montre la bague, ce à quoi elle consentit avec plaisir. Ils firent des gros plans : c'était un énorme diamant.

David se demanda où il avait pu prendre l'argent pour acheter semblable bijou qui devait coûter les yeux de la tête.

Et en même temps, il eut une réminiscence soudaine.

Il pensa à l'inutile demande en mariage qu'il avait faite à son ex avec une bague bien plus modeste.

Et il pensa que la vie était bizarre parfois. Même extrêmement bizarre. On aurait dit un rêve. Maintenant il demandait en mariage une princesse… de rêve qui était folle de lui.

Les journalistes voulurent qu'ils scellent leur promesse de mariage par un baiser.

Ils se plièrent complaisamment à leur demande.

Dans la salle, madame Corfou jubilait. On ne pouvait souhaiter plus spectaculaire conférence de presse.

L'imprésario de David, discrètement resté à l'arrière de la salle, se frottait les mains : les prochains contrats seraient encore plus lucratifs.

Martin Scorcese et Jennifer Lawrence, qui en d'autres circonstances se seraient peut-être plaints de ne pas monopoliser toute, ou presque toute l'attention de la presse, comme ils en avaient l'habitude, s'en réjouissaient, car ils ne pouvaient rester, partaient l'un vers New York, l'autre vers L.A. pour d'autres engagements. Ils se donnèrent la bise, se serrèrent la main, filèrent à l'anglaise, pour ne pas dire à l'américaine et à l'italienne, c'est selon.

17

Après la conférence de presse, David et Clara se réfugièrent dans un petit salon privé.

La princesse Visconti demanda à la serveuse un martini.

Même s'il n'était pas encore 10 heures du matin.

Après une hésitation, David demanda un Coca. *Diet*. Vu que la caméra, stupidement généreuse, vous donnait cinq kilos, ce qui expliquait l'anorexie de bien des actrices. Mieux valait prévenir que guérir !

« Oh, cesse de jouer la comédie, mon chéri ! », fulmina la princesse Visconti. Prends ton *half-and-half* comme d'habitude ! »

Son *half-and-half*…

Comme d'habitude…

David n'avait aucune idée de ce que ça pouvait être !

Mais il préféra ne pas protester.

Demanda un *half-and-half*.

La serveuse nota la commande.

La princesse reçut un appel sur son cellulaire.

Elle ne les prenait pas tous : heureusement pour ceux qui gravitaient dans sa prestigieuse orbite, car elle en recevait facilement 20 à l'heure, sans compter d'innombrables textos.

Elle vérifia à l'écran la provenance de l'appel :

« C'est maman. Je vais le prendre. Ça fait 10 fois qu'elle m'appelle depuis ce matin. Ça doit être important. »

Elle fit, de sa main libre, le signe des parenthèses dans le vide, qui montrait que ce devait être important pour sa mère, championne toute catégorie des tempêtes dans un verre d'eau.

Elle ajouta ironiquement :

« Elle se demande probablement si elle doit changer de psychanalyste pour son chien. Il faut dire que le sien est freudien et une de ses amies lui a dit que ce serait mieux qu'il soit lacanien.

— Moi, le monde lacanien, je veux dire canin… »

La princesse éclata de rire. Elle n'était pas seulement folle de David parce qu'il était beau comme un dieu, mais aussi parce qu'il la faisait rire.

Et savait rire de lui.

Et savait l'aimer.

Vraiment.

Et la traitait comme une princesse.

(Elle en était une, il est vrai, mais son dernier amant rock star la traitait plutôt comme la dernière des dernières !)

Dans un lit.

Et hors d'un lit.

Clara Visconti, qui avait ri à gorge déployée, prit enfin l'appel de sa mère, et lui reprocha, hypocritement amère :

« Tu étais où, maman ? Ça fait deux jours que je tente de te joindre. »

Ensuite elle se contenta d'écouter. Sa mère était plus bavarde qu'elle ou trouvait son délire plus intéressant que celui de sa fille et ne souffrait pas d'interruptions. La chose est que petit à petit la physionomie de Clara Visconti se transforma, et ça n'avait rien de prometteur.

Bientôt blanche comme un drap (et de toute évidence peu désireuse de se retrouver entre deux draps, si on l'y avait forcée elle se serait mis entre les cuisses le plus immense des sparadraps !) elle raccrocha.

David vit bien que quelque chose n'allait pas.

Prit une grande gorgée de son *half-and-half*.

Que la serveuse venait de poser sur la table en même temps que le martini de la princesse Visconti.

Il grimaça, découvrant que le *half-and-half* dont il semblait un amateur aussi matinal que fréquent, c'était du jus d'orange parfumé de vodka, de beaucoup de vodka : probablement… *half-and-half* comme son nom l'annonçait avec honnêteté.

David demanda, léger comme il savait l'être avec sa princesse de rêve et elle lui en était reconnaissante :

« Ta mère ne sait pas par qui faire suivre son chien suicidaire, c'est ça ? »

Elle ne rit pas. Comme elle aurait ri habituellement de pareille plaisanterie. Comme elle riait de tous ses mots d'esprit, de toutes ses pitreries. Enfin si on pouvait dire qu'ils avaient des habitudes de couple déjà.

La serveuse se permit de dire :

« Je voulais vous féliciter pour vos fiançailles, c'est vraiment magique. Vous êtes si beaux ensemble. Ça fait du bien de voir des gens heureux. »

Ni David ni la princesse ne la remercièrent de ses bons mots, car la princesse choisissait ce moment pour exploser :

« Tu m'as menti !

— Hein ?

— Tu n'es pas un aristocrate. Tu n'as jamais été baron de Rothschild. »

La serveuse, surprise et désolée, préféra se retirer sans insister. Un autre rêve brisé. Un autre couple qui ne s'entendait pas. Malgré les apparences. Souvent trompeuses.

« Mais dès le premier jour, je t'ai dit que je n'étais pas baron, protesta-t-il avec la dernière énergie.

— Tu m'as brisé le cœur.

— Mais voyons, Clara, j'ai toujours joué cartes sur table.

— Maintenant, c'est ma mère qui joue cartes sur table. Elle a sorti la grosse artillerie. Si on se marie, elle me déshérite et je perds le fonds de 25 millions qu'elle a mis à ma disposition pour que je fasse mes débuts dans la vie. Je t'aimais comme une folle, mais tu as tout gâché. Tiens, je te remets ta bague… Je regrette de t'avoir jamais rencontré. Tu es juste un fumiste. »

Elle enleva, pour mieux dire arracha de son doigt la bague à l'énorme diamant et la lui remit.

Un homme entra alors dans le salon privé, et tout de suite David rangea la bague dans sa poche, car il avait honte de cette nouvelle déconvenue amoureuse et surtout n'avait pas envie d'en parler.

18

C'était Charles Donald, son fidèle agent, un type de 40 ans, avec pas un cheveu sur le crâne. Mais tout le temps des idées. Pour faire de l'argent avec son client. Il avait aussi un sourire ravageur. Une dent en or. Et six enfants de quatre femmes différentes, dont il était dûment divorcé.

« Quelle mouche l'a piquée, ta fiancée ? Elle ne m'a même pas dit bonjour.

— Une urgence familiale. Le chien de sa mère est suicidaire.

— Les bonnes femmes… »

Homme de peu de mots, sauf lorsque venait le temps de faire la cour à une femme (qu'elle fût la sienne ou celle d'un autre !)

Charles Donald, qui était un homme débordé allait toujours droit au but. Il dit à David :

« Chapeau pour le lancement. Le truc de la demande en mariage, vraiment, je ne l'avais pas vu venir. Vraiment gagnant. Et elle a de la classe, ta princesse, elle ne m'a pas demandé un sou pour nous faire son spectacle.

— Elle est riche à craquer.

— Les gens riches sont les plus gourmands. Mais passons aux choses sérieuses. On a une offre fabuleuse. Tu as juste à signer ici.

— Est-ce que je peux lire le contrat avant ?

— Tu ne me fais plus confiance ou quoi ?

— Oui, mais quand même, je…

— Je te résume parce qu'ils attendent une réponse avant demain midi.

— Qui, ils ?

— Ceux qui nous offrent un contrat de deux millions. Pour une pub de cigarette qu'on va tourner en une journée.

— Mais je croyais que les pubs de cigarette étaient interdites !

— C'est pour la Chine !!!

— Mais la cigarette, c'est mauvais pour la santé.

— Tu fumes deux paquets de cigarettes par jour.

— Justement, je sais de quoi je parle. »

C'était une sorte de nouvelles pour lui, incidemment. Il ne fumait pas avant. Avant quoi ? Avant que sa vie ne change du jour au lendemain !

« J'ai un problème. Je ne veux pas que des gens meurent du cancer à cause de moi.

— Mais on s'en fout qu'ils meurent ! Ce sont des Chinois : ils sont plus d'un milliard. Cent millions de Chinois de plus ou de moins, ça change quoi à ta vie. Mais moi, 15 pour cent de 2 millions, ça fait 300 000 balles, j'en ai besoin pour impressionner ma nouvelle conquête. Dix-huit ans. Suédoise. Une bombe. Mais luxueuse.

— Je ne crois pas que je pourrais bien dormir après avoir signé un contrat comme ça.

— Je vais t'acheter des somnifères.

— Laisse-moi dormir là-dessus !

— Dors, mais prends la bonne décision ! J'ai passé trois ans de ma vie à croire en toi et à travailler pour des prunes. Maintenant, c'est le temps de récolter. La gloire ne dure pas longtemps, David. Il faut prendre la manne quand elle tombe. »

Sans insister il prit le contrat, se leva et dit :

« Deux millions, penses-y deux millions ! », au moment même où le groom de service arrivait avec un client.

Il annonça : « Monsieur de Bormes, je vous laisse avec votre ami d'enfance, Paul Smith. »

19

David avait eu beaucoup d'amis d'enfance.

Puisqu'il avait vécu dans cinq familles d'accueil.

Avait déménagé avec chacune d'elles chaque fois dans de nouveaux quartiers.

Mais il ne se souvenait pas de Paul Smith.

Il faut dire qu'il avait bu son *half-and-half* assez vite. Il fit signe d'ailleurs au groom de demander à la serveuse de lui en apporter un autre.

Paul Smith avait 21 ans tout comme lui. Avait un regard un peu fou, des cheveux frisés, un habit mal coupé. Et une sorte de valise de représentant à la main.

« David ! Ça me fait tellement plaisir de te retrouver. Après tant d'années. Mais on dirait qu'on s'est vus hier. C'est formidable, la vie, quand même. Je peux m'asseoir ?

— Oui, je… je n'ai pas beaucoup de temps, mais je…

— Écoute, j'ai besoin de cinq petites minutes. Je commence par des questions.

— Oui, d'accord… »

Il regarda sa montre. Fut encore surpris de constater que c'était une Rolex, comme s'il l'avait déjà oubliée.

« Jolie montre en passant. Une Rolex… fit son ami d'enfance.

— Oui euh, un cadeau », dit-il modestement et en fait il ne savait pas du tout comment il en avait hérité.

Une brève pause.

« Tu connais comme tout le monde les *onion rings* ?

— Oui, la rondelle d'oignon enrobée de pâte frite.

— Et tu as déjà coupé des oignons ?

— Euh oui…

— Et tu as pleuré ?

— Euh oui…

— Eh bien, c'est terminé les larmes quand tu coupes des oignons. Je te présente ma nouvelle invention : le *Onion Wind* ! »

Et il tira avec fierté de sa mallette une espèce de couteau électrique muni d'un surprenant ventilateur, placé entre la poignée et la lame. Il sortit aussi un oignon, et se mit à le découper en rondelles.

— Regarde, je ne pleure pas, les hélices chassent l'odeur de l'oignon. Incroyable, non ? Tu veux l'essayer ?

— Non, je… Écoute, je te félicite. Ça fait toujours plaisir de voir que nos amis d'enfance ont réussi. Je suis sûr que tu vas faire des millions avec ton invention.

— Justement, je suis ici pour que toi aussi tu fasses des millions.

— Oh moi, les affaires, tu sais…

— Justement tu n'as rien à faire. Je fais tout le travail, toi tu n'as qu'à fournir la mise de départ, tu t'assieds et tu engranges les profits. J'ai besoin de presque rien, seulement 250 000 $. On sépare tout *fifty-fifty*. Dans un an, on figure dans le Forbes 500. »

Il répéta avec un vilain accent qui sonnait fort français :

« *Fifty, fifty*.

— Écoute, c'est… je… je trouve ton idée géniale, mais je n'ai pas cette sorte d'argent… »

Paul Smith éclata d'un rire homérique.

« Tu viens de signer un contrat de deux millions.

— Je vais le refuser.

— Justement est-ce qu'il en faut de l'argent, pour refuser de signer un contrat de deux millions !

— Tu veux qu'on aille vérifier dans mon compte en banque ?

— Oui ! »

À la porte du Ritz, il y avait un sans-abri, un jeune d'à peine 16 ans, avec de grands yeux pathétiques, que David trouva sympathique. Il lui tendait la main dans l'espoir d'une aumône :

« Vous n'auriez pas quelques sous, mon bon monsieur ?

— Viens, dit l'ami enfance de David, c'est un parasite. »

David préféra ne pas lui répondre, demanda avec gentillesse à l'adolescent :

« Qu'est-ce que tu fais à mendier, à ton âge ?

— Ma mère fait le trottoir, mon père fait du temps, mes seuls amis sont dans la rue. »

Il montrait, de l'autre côté de la rue, quatre ou cinq sans-abris.

« Tu aimerais avoir combien ?

— Je ne sais pas, monsieur. C'est vous qui décidez. Ce que vous pouvez. »

David lui tendit un billet de 100 $.

« Ça, ça t'irait ?

— Oui, mais… je n'ai pas de monnaie.

— Moi j'en ai, attends ! »

Et il tira deux autres billets de 100 $ de son portefeuille et les lui remit devant le regard ahuri de son ami.

« Mais tu es fou, tu lui as donné 300 $! Et tu me dis que tu n'as pas d'argent ?

— Oui, je te le dis. »

Il y avait à deux pas du Ritz une banque munie d'un guichet automatique.

Trente secondes plus tard, David introduisait sa carte dans le guichet, demandait son solde, qui s'afficha sur l'écran vert, en lettres étonnantes et vertes : 1 000 013,13 $

« Il doit… Il doit y avoir une erreur », jeta spontanément David, qui n'avait aucune idée de la provenance de cette somme fabuleuse dans son compte, cependant que son ami Paul Smith souriait, doublement ravi : il avait eu raison et avait peut-être trouvé son investisseur.

« Je… je te reviens le mois prochain… »

Paul Smith semblait immensément déçu.

David lui serra la main.

Soudain, il ne se sentait pas très bien.

Même qu'il se sentait très mal.

Même s'il venait de réaliser qu'il était soudain millionnaire.

Mais comme il n'avait aucune idée comment, ça le troublait infiniment.

Il pensa qu'il était peut-être en train de devenir fou : il y avait trop de choses bizarres qui se passaient en même temps.

Il porta sa main à son ventre.

Il éprouvait soudain une douleur très intense.

Qui le fit même grimacer.

Il rentra au Ritz.

Qui était un peu sa deuxième famille.

Et même sa première famille, vu qu'ayant connu tant de fausses familles, il n'en avait jamais eu une vraie, ou en tout cas assez longtemps pour la considérer comme vraie.

David entra dans l'hôtel et se dirigea à toute vitesse vers le bar du café. Il avait besoin d'un autre verre de *half-and-half*.

Ou d'un autre verre de n'importe quoi autre. Mais finalement ce fut un autre *half-and-half*.

Malgré sa douleur au ventre.

C'était peut-être juste de l'angoisse.

Il pensa alors, non sans découragement, que même s'il vivait une vie de rêve, il avait encore des ennuis sentimentaux.

Et il avait encore des ennuis d'argent – même ou parce qu'il avait de l'argent !

Pourtant il avait un million dans son compte en banque.

Ce supposé contrat de deux millions : mais pour vendre des cigarettes aux Chinois !

Ce bizarre ami d'enfance avec son invention à la con : un *Onion Wind* !

Sans compter le manoir dans lequel il s'était réveillé et la Porsche avec laquelle il était arrivé au Ritz !

Il eut tout à coup une sorte de fou rire. Ou de rire nerveux.

C'était trop ridicule.

Mais surtout... surtout... tout ça semblait irréel, si irréel !

Comme la bague à diamant qu'il avait offerte à la princesse Visconti et qu'il ne se souvenait pas d'avoir jamais achetée : d'ailleurs c'était déjà fini.

Chose certaine, il ne se sentait pas plus heureux.

Il lui semblait être revenu au point de départ.

Peut-être même à un point plus bas que son point de départ.

Car maintenant il savait que même la vie de rêve – dont tout le monde... rêvait, justement –, ne lui procurait pas le bonheur.

Même pas une once de plus de bonheur.

Il se dit alors que, comme chez son père, il y avait sans doute quelque chose de fêlé en lui.

Une sorte de difficulté d'être heureux.

Peu importait les circonstances.

Il eut soudain envie de vomir.

Se précipita au petit coin.

Vomit dans un évier.

Le même client qui l'avait surpris plus tôt en train de fumer sortit à nouveau d'une cabine.

Il devait avoir la diarrhée pour devoir se soulager si souvent !

David l'envoya à nouveau promener, et à nouveau en allemand. Le type partit sans demander son reste.

Avec une serviette de main, David s'essuya la bouche.

Il se regarda dans la glace.

Il trouva qu'il avait l'air fatigué.

Plus que fatigué.

Il avait vieilli.

Prématurément.

Il se lava le visage avec de l'eau froide.

Retourna au bar même s'il aurait dû aller se changer les idées en prenant l'air.

Il aperçut alors, assis non loin du piano, quelqu'un qu'il avait déjà vu quelque part, du moins en avait-il la curieuse impression.

20

C'était Leonardo.

Blond et beau.

Vêtu comme la première fois que David l'avait vu.

D'un costume gris et d'espadrilles blanches qui juraient un peu avec cette élégance, du reste étonnante pour David chez un enfant de cet âge à cette heure du jour : on n'était quand même pas à un mariage, en tout cas pas au sien vu ce qui venait de se produire !

Il s'affairait à frotter, avec une serviette de table, la Fiole des Mérites, avec une application quasi maniaque.

Il lui sembla une fois de plus qu'il l'avait déjà vu quelque part, mais il aurait été tout à fait incapable de dire où.

Sans trop qu'il sache pourquoi, ce gamin le fascinait.

Un peu comme dans le célèbre film de Visconti, *Mort à Venise*.

C'était le film préféré de David de Bormes.

Peut-être parce que c'était le film préféré de son père.

Juste après *Being There*.

Peut-être parce que *Mort à Venise* était au fond une histoire sur le désir et la fascination de la mort. Et qu'une corde au cou peut remplir le même mortel office qu'un verre d'eau qui vous donnera le choléra, et que boit le héros du film, lorsqu'il comprend qu'il ne retrouvera pas sa jeunesse, son enfance, dont le symbole vivant et troublant est incarné par le blond et beau Tadzio, dans son petit habit de matelot.

À ce moment, justement, David y pensa.

Pensa d'abord que c'était un autre hasard singulier que le réalisateur de chef-d'œuvre s'appelât Luchino Visconti.

Comme la princesse Visconti.

Qui lui avait mis la bague au doigt.

Sans qu'il comprît trop comment ni pourquoi.

La bague au doigt.

Pour une heure ou presque.

Pensa à ce film trop beau porté, de son ouverture à sa chute, par la musique trop belle de Gustav Mahler.

Gustav von Aschenbach, le héros du film, musicien célèbre conspué par le public pour sa dernière œuvre, pourtant géniale, lui rappelait son père.

Son père, mais pour la désillusion seulement, pour l'échec de ses ambitions, pas pour son illustre carrière, car son père Albert n'en avait jamais eu une.

Il y avait cette scène du film qui revenait souvent hanter David, lorsque Dirk Bogarde, qui campe avec tant de sensibilité et de justesse le héros, se remémore des instants magiques de sa vie de famille, sa blonde fille de huit ou neuf ans qui court vers lui, lui saute dans les bras, sa femme heureuse qui l'embrasse.

C'est cette vie que son père aurait aimée.

Il le lui avait souvent dit.

Mais il les avait abandonnés, sa mère et lui.

Il lui avait avoué, une des rares fois où il avait pu le revoir, un jour qu'il avait trop bu et qu'il pleurait, lui qui n'aimait pas montrer ses sentiments à moins qu'ils ne fussent ceux d'un autre, et sur une scène, que c'était cette vie-là au fond qu'il avait voulue.

Mais il y avait une partie de lui qui s'y refusait.

Une sorte de contradiction de son être.

Ou une incapacité d'être heureux dont il n'avait jamais pu trouver la clé.

Il était peut-être juste doué pour le malheur, comme d'autres le sont pour la musique ou les mathématiques.

Absorbé dans son passé douloureux, loin, si loin du Ritz fastueux, dont l'or et le rose et le bleu des lambris n'étaient rien à ses yeux aveugles du présent, David pensa à *Mort à Venise*, à Mahler, au malheur, pensa à la vraie enfance qu'il n'avait jamais connue, car il n'avait jamais eu de vrai père.

Et comme malgré lui, dans le plus sincère des cris (du cœur ou de sa douleur, ce qui avait la même amère saveur), il laissa échapper :

« Père, pourquoi m'as-tu abandonné ? »

Et comme il était polyglotte, même s'il ne parlait pas (encore) l'araméen, il pensa à la quatrième des sept dernières paroles de Jésus sur la croix, et murmura, encore conscient d'être assis au Ritz, et ne voulant pas créer quelque émoi parmi les dîneurs absorbés dans leurs suprêmement importantes affaires :

« *Eli, Eli, lama sabachthani ?* »

Ce qui comme chacun sait – ou chacun devrait savoir vu la mode des familles reconstituées – signifie : Père, père, pourquoi m'as-tu abandonné ?

David essuya une larme d'involontaire nostalgie, car ça ne se faisait pas d'avoir un émoi dans un lieu si bien fréquenté que le Ritz, et il regarda à nouveau Leonardo, toujours absorbé à astiquer patiemment la Fiole des Mérites.

Il lui semblait le connaître – mais c'était peut-être les trompeuses vapeurs de l'alcool qui déjà agissaient. Ou sa lassitude. Ou son désespoir.

Il scruta obstinément sa mémoire.

Rien…

Mais alors bizarrement, il entendit un peu mystérieusement, derrière lui, une voix qui disait : *souviens-toi de cette rose et de ce visage…*

Et c'était une voix fort calme et fort belle, une voix d'homme mûr qui disait ça.

David se retourna.

Il n'y avait personne derrière lui.

En tout cas personne assez proche de lui pour lui avoir murmuré ce qu'il venait d'entendre…

Mais avait-il rêvé, halluciné par cette voix ?

Et pourtant, à nouveau, la voix qui répétait, mystérieuse, comme pour Ulysse dans l'*Odyssée* les voix des Sirènes qui l'attiraient vers des rivages dangereux.

Souviens-toi de cette rose et de ce visage…

Avec une addition, cette fois-ci :

Car ton bonheur en dépendra…

Cette fois-ci, au moment où il entendait la voix, il se trouvait à regarder Leonardo…

Comme malgré lui, il se leva, alla vers le gamin, demanda :

« Est-ce que je vous connais ?

— Vous devriez le savoir si vous me connaissez, fit remarquer le gamin avec une logique que David trouva prématurée pour son âge.

— Je veux dire est-ce qu'on s'est déjà rencontrés ? Il me semble que votre visage m'est familier.

— On me dit souvent ça, je dois avoir un visage bien commun.

— Non, non. Pas du tout. (Une pause et après avoir jeté un regard circulaire.) Mais en passant, vous n'êtes pas avec vos parents ?

— Non. À mon âge, on n'a plus besoin de parents. »

David sourcilla.

« Mais… vous avez quel âge ?

— Six ans et 5111 jours ! »

La formule était bizarre certes, mais ce qui était encore plus bizarre est qu'il semblait à David qu'il l'avait déjà entendue…

Mais où et quand, et dans quelles circonstances ?

Il remarqua la rose sur l'épinglette de Leonardo, se répéta comme malgré lui, *souviens-toi de cette rose*… Puis il regarda la fiole que Leonardo avait cessé de nettoyer.

« C'est joli, cette petite bouteille… mais si je puis me permettre de vous demander… c'est quoi au juste ?

— C'est une Fiole des Mérites.

— Une Fiole des Mérites ?

— Oui. »

Et ayant dit cela, il jeta un dernier coup d'œil à la fiole, estima qu'elle était suffisamment nette et la rangea dans son étrange petite mallette dorée avec deux ailes.

David regarda à nouveau l'épinglette à la rose au revers de sa veste.

À ce moment précis s'ouvrirent les portes de la mémoire de David, qui s'étaient mystérieusement fermées à l'instant où il avait bu la Fiole des Mérites. Il se souvint de tout et s'exclama :

« Vous vous appelez Leonardo, et vous êtes l'assistant du millionnaire ! Et cette Fiole des Mérites, je l'ai bue pour obtenir tout de suite la Vie de Rêve au lieu d'attendre 19 ans. Mais cette vie-là, je ne la veux plus, elle ne me rend pas heureux. Ce que je veux, c'est la Vie Magique ! »

C'était dit comme un cri du cœur aussi grand que clair.

Le gamin blond sourit, et au lieu de répondre, passa un coup de fil sur son cellulaire.

Cinq minutes plus tard, le millionnaire les rejoignait au Ritz.

« Je suis fier de vous, dit-il à David. Car sur le chemin de la sagesse, il faut d'abord le discernement.

— Le discernement ?

— Oui, le discernement. C'est comprendre ce qui nous retarde sur le chemin de l'illumination, et l'éviter, et c'est cultiver ce qui la permet. Mais il y a une condition pour pouvoir entrer à l'École de la Vie Magique.

— Une condition ? »

21

« Oui. Quand vous entrez à l'université, vous devez payer.

— Je ne pourrais pas vous dire, je n'ai même pas fini ma onzième année. Mais je sais en effet qu'il y a des frais de scolarité.

— Oui, il y en a. Et lorsqu'on veut entrer à l'École de la Vie Magique, on ne peut les payer qu'avec cette sorte de pièce de monnaie. »

Il tira de la poche droite de sa veste une pièce de monnaie en or, assez grande, beaucoup plus en tout cas que la plupart des pièces de monnaie qu'on trouve dans le commerce. Et il est vrai que cette pièce ne se dénichait pas dans le commerce, à moins que ce ne fût un commerce bien particulier : le commerce de Dieu et de ses messagers !

D'un côté, il y avait un œil stylisé, qui offrait de vagues ressemblances avec les yeux qu'on voit sur certaines anciennes gravures égyptiennes, mais au lieu d' une paupière, on apercevait de chaque côté une aile.

Pas comme une aile d'avion ou d'oiseau, mais comme une aile d'ange.

De l'autre côté, on pouvait voir un homme qui ressemblait à un moine et qui en tout cas était vêtu d'une tunique à capuchon et se tenait devant une porte avec un sac en main.

Intrigué par la pièce, même s'il n'en comprenait pas vraiment le sens, David tendit pourtant la main pour la prendre.

Mais le millionnaire la retira d'un geste rapide, avec un sourire d'amical refus.

David plissa les lèvres, embarrassé.

Quant à Leonardo, toute cette scène semblait l'amuser énormément. Comme s'il y avait déjà assisté dans le passé.

« Il faut d'abord la mériter, cette pièce.

— Elle coûte combien ?

— Elle ne s'achète pas. Même l'homme le plus riche au monde n'a pas assez d'argent pour se l'offrir. Et c'est pour cette raison que Steve Jobs n'est pas entré de son vivant à l'École de la Vie Magique.

— Oh…

— Mais dans ce qu'on appelle l'au-delà, et qui pour les gens qui y vivent s'appelle la vraie vie, peut-être pourra-t-il. Ou alors, comme suite à la décision des Seigneurs du Karma, il reviendra ici, et ainsi il aura peut-être une seule idée en tête, même si tout lui sera offert sur un plateau d'argent et c'est d'entrer, même comme simple étudiant, à l'École de la Vie Magique. »

David de Bormes eut un frémissement intérieur. Qui se traduisit également par des frissons sur ses bras ornés de duvet blond. De cette sorte subtile et rare que la Vie vous envoie par des messagers qu'on ignore trop souvent, car peut-être leur habit n'est pas assez voyant : on les appelle des coïncidences ou le murmure des anges, patients et intelligents gardiens de notre destinée.

Le millionnaire lui expliqua, avec la pièce toujours en main :

« Cet œil, c'est l'œil du discernement. Les ailes, ce sont les ailes qui te permettent de t'envoler vers la Vie Magique. »

Il poursuivit son explication en tournant la pièce :

« Cet homme qui porte le capuchon des moines, c'est celui qui s'apprête à entrer dans la Vie Magique, mais au début il doit jeter ce sac, car il ralentit par trop son pas. Il contient toutes ses possessions anciennes, qui n'ont aucune valeur réelle, juste des apparences trompeuses. Ce sac contient toutes ses habitudes, toutes ses limitations, ses croyances. Comme le recommandait Descartes, il faut faire *tabula rasa*, table rase, oser dire bon débarras à toutes nos fausses idées. À tout ce qu'on nous a enseigné. À moins bien entendu que ce qui nous a été enseigné nous l'ait été par un diplômé de l'École de la Vie Magique, donc par un être vraiment heureux qui vit la Vie Magique tous les jours, à chaque instant dans chaque univers, et peu importe les circonstances. Le geste de cet homme représente le détachement.

— Le détachement, c'est...comment dire ? Un peu abstrait, même si, je dois l'avouer, j'ai un faible pour l'abstraction surtout si elle parle d'angoisse et d'illusions perdues : *Le Traité du désespoir* de Kierkegaard est mon livre préféré. »

Le millionnaire parut amusé par les goûts un peu particuliers de David de Bormes qui ressemblaient si peu à ceux de la plupart des jeunes gens de sa génération qui tentent de soigner leur désespoir par des jeux, vidéo, avec cette banale et navrante illusion qu'ils seront tous un jour les brillants et riches créateurs de nouveaux jeux, alors qu'ils ne seront que les consommateurs d'autres stupéfiants.

« Les empereurs de la Rome antique offraient au peuple *panem et circences*. Du pain et des jeux. L'élite moderne assure sa domination et l'abêtissement des masses par du pain et des jeux… vidéo. Marx a dit : "La religion est l'opium du peuple". Les jeux vidéo sont la nouvelle religion, procurent la même narcose.

« Venez, je vais vous donner un exemple. Vous allez comprendre. Mais en même temps, je vous préviens, c'est un test.

— Un test ?

— Oui, un test de votre désir d'entrer à l'École de la Vie Magique. »

22

« Cet argent, il faut que vous le redonniez.

— Je… je me doutais bien que c'était vous qui l'aviez déposé dans mon compte. »

Il avait dit ça calmement, mais il était ahuri par la demande. Le détachement prenait un sens nouveau, plus concret. Ce n'était plus de simples paroles en l'air.

« C'est juste de l'argent, laissa tomber nonchalamment le millionnaire.

— Pour vous peut-être qui êtes millionnaire… oups, je veux dire milliardaire. Mais pour moi qui n'ai jamais eu un sou… »

Leonardo parut triste d'entendre ces paroles, comme si l'habitait le sentiment qu'il ne reverrait plus David.

« Je comprends, dit le millionnaire. C'est votre choix, et je le respecte. Sur le chemin de la sagesse, il faut prendre un million de bonnes décisions. Je vous souhaite bonne chance dans le voyage de la vie. »

Il se tourna alors vers Leonardo et dit :

« Viens, mon ami ! »

Leonardo lui tendit la main, comme un gamin aurait fait avec son père. Puis le millionnaire et lui s'éloignèrent.

David gardait son million.

Pendant une seconde ou deux, il éprouva du soulagement.

Il n'avait pas les moyens de se départir sans raison d'un aussi joli magot.

Il en arrachait trop.

Depuis trop longtemps.

En fait depuis qu'il était né.

Parce que, de surcroît, les familles d'adoption, ce n'était pas exactement la joie. Pour plusieurs d'entre elles, l'adoption était un commerce et, comme chacun sait, pour qu'un commerce soit florissant, il faut que les revenus excèdent les dépenses. En fait, la plupart du temps, David ne pouvait manger à sa faim et devait se contenter des restes des vrais enfants de ses parents adoptifs, de porter leurs vieux vêtements, leurs souliers troués.

Aussi, laisser ainsi aller un million, qui lui permettrait de vivre sans souci pendant des années, de travailler à sa seule vraie passion, son métier de comédien, ce n'était pas évident…

Pourquoi la Vie, qui ne l'avait pas ménagé depuis quelque temps, ne lui donnait-elle pas un répit ?

Il regarda le millionnaire et l'enfant, qui s'éloignaient main dans la main.

Il eut soudain un pincement au cœur.

Ne faisait-il pas une erreur ?

La pire erreur de sa vie ?

Il pensa un peu curieusement, et de manière tout à fait inattendue, à l'histoire du jeune homme riche dans *Le Nouveau Testament* qui demande à Jésus : « Maître, que dois-je faire pour être parfait ? »

Et le prophète qui avait eu une carrière malgré l'absence de père dans sa vie, lui répondit, austère et lapidaire :

« Va, vends tout ce que tu as, et suis-moi ! »

Mais, songea David, philosophe malgré lui vu les événements qui se précipitaient dans sa vie, le jeune homme riche était… riche !

Et il préféra passer son chemin.

(Personne ne se demanda, pendant les quelque deux mille ans qui suivirent sa décision, ce qu'il advint de lui. Pourtant, original sans le savoir, David de Bormes se posa la question : le jeune homme riche avait-il connu le même destin que lui alors qu'il avait brièvement vécu la Vie de Rêve, et n'était-ce pas mieux que terminer sa vie crucifié les pieds vers le ciel, comme saint Pierre qui avait… mal fini : son père comédien n'avait pas fini bien différemment.)

David était pauvre. Comme son père l'avait été. La chaîne entre un père et son fils, trop souvent logique, ne s'était pas brisée.

Prendre la bonne décision…

Même si, en général, on aurait souhaité avoir plus de temps pour la prendre : il en manque toujours !

Il leva une main nerveuse en direction du millionnaire et du gamin et cria :

« Attendez ! »

Le millionnaire et le gamin, qui un peu étrangement, ou en tout cas sans raison apparente, avait subtilisé un coussin sur un sofa du Ritz, revinrent sur leurs pas.

Après une ultime hésitation, David dit au millionnaire :

« Je n'ai aucune garantie que la Vie Magique existe.

— Pourtant, si vous étiez attentif, vous verriez bien qu'elle vous attend.

— Qu'elle m'attend ?

— Oui, comme une mère qui attend son enfant, parti en voyage avec son père volage. Comme une amoureuse qui attend son amant, envolé vers l'étranger pour un travail supposément important qui n'est peut-être autre qu'une étrangère. La Vie Magique vous attend, elle est au plus profond de votre âme, comme le parfum dans le cœur de la rose, comme la paix dans les vagues de la mer, comme la prière de bonheur dans le cœur d'un enfant.

— Moi, mon vrai père ne m'a jamais attendu. »

Ça n'avait pas un lien véritable avec ce que le millionnaire venait de dire. Mais il y avait là une logique des émotions. David poursuivit sa confidence : « Il avait trop honte d'être un raté. Moi, pourtant, je me foutais qu'il en soit un ou pas. Je ne savais même pas ce que ça voulait dire, être un raté. Qu'est-ce que ça veut dire, à la fin, *to be or not to be* un raté ? Quand on vous décroche d'une corde ou vous sort d'un lit, cadavérique comme Steve Jobs, quand on vous met dans un sac de plastique noir, qu'il ait coûté cent ou mille dollars, ça reste un sac de plastique noir. Qui aboutit dans la même urne funéraire ou le même trou au cimetière. Comme a dit Diderot : “Pourrir sous le marbre, pourrir sous de la terre, c'est toujours pourrir.” Souvent, j'ai écrit à mon père, même si c'était poste restante ou plus probablement poste… inexistante. Comme une bouteille qu'on jette à la mer, je jetais dans le vide de ma vie la même lettre, je n'osais pas user de ma vulgaire prose, je demandais l'aide fraternelle de celui qui mieux que moi sait dire ce que je veux dire à mon père même s'il le disait à sa mère : Albert Cohen, dans *Le Livre de ma mère* : “Le vrai amour, veux-tu que je te dise, c'est l'habitude, c'est vieillir ensemble. Tu les veux avec des petits pois ou avec des tomates, les boulettes ?”

« Oui, ce que j'aurais aimé, banal et sans génie, comme mon père ne faisait pas la cuisine sauf pour manger comme moi du Kraft Dinner et des toasts au *peanut butter*, ç'aurait été de vieillir avec lui, ou en tout cas qu'il ne meure pas si jeune, qu'il ne meure pas par sa propre volonté qui était comme me dire : "Tu n'es rien pour moi, tu ne vaux pas la peine que je fasse du temps sur terre, mon fils !" Oui, j'aurais juste aimé pouvoir être avec lui, parler de tout et de rien, prendre un café, même mauvais, parler de nos projets, de nos rêves, rire des gens qu'il trouvait cons, peut-être de maman pour qu'il me dise pourquoi il était parti si tôt. Être avec lui, rire avec lui, seulement faire l'épicerie, pour acheter des petits pois, avec les boulettes ou pas. »

Le millionnaire eut les larmes aux yeux, et fit une confidence à David, ce qui n'était pas vraiment son genre :

« Moi aussi, j'aurais aimé simplement que mon fils vive plus vieux, que je puisse lui demander s'il "les voulait avec des pois, les boulettes", même s'il était végétarien, ce qui ne l'empêchait pas de prendre de la cocaïne et du gin. Il y a de ces paradoxes dans la vie, qui défient l'entendement humain, même du plus subtil des romanciers. »

Une pause émue de la part de David, qui se permit une nouvelle objection, ou en tout cas une question :

« Mon vrai père et mes faux pères m'ont toujours trahi, allez-vous faire la même chose ?

— Non, car si je te trahissais, c'est moi-même que je trahirais. »

Leonardo dodelinait de la tête, pour montrer que ce que le millionnaire disait était… parole d'Évangile, si j'ose dire.

« Alors comme Jésus sur la croix, je vous dis ma dernière parole avant d'entrer à l'École de la Vie Magique : Père, entre vos mains je remets mon esprit. »

Il souriait en prononçant ces paroles pourtant graves, et il aurait été difficile de savoir s'il plaisantait ou était sérieux, vu que, de surcroît, il était comédien (même raté).

Il était prêt à faire ce geste un peu fou, et extrêmement audacieux: il redonna l'argent au millionnaire qui en disposa d'une manière aussi instructive qu'originale sur laquelle je reviendrai à la fin, car elle ralentirait par trop notre récit.

Le millionnaire qui avait vu et compris tant de choses dans sa vie, parut tout de même étonné par la réplique, et il se dit qu'il avait eu raison de penser que David de Bormes avait acquis, en cette vie et en ses vies antérieures, toutes les qualités intérieures pour entrer la tête haute à l'École de la Vie Magique.

« Je suis fier de toi... », dit-il au jeune homme.

Et il lui remit alors la pièce mystérieuse dont il lui avait expliqué plus tôt l'usage.

David la regarda avec une grande émotion, côté face, puis côté pile, et enfin il la mit dans sa poche.

En sortant du Ritz, monsieur Guy le salua et lui dit, de manière un peu inattendue :

« Félicitations, je crois que vous avez pris la bonne décision, monsieur de Bormes.

— Hein ? »

La bonne décision ?

Comment monsieur Guy avait-il pu deviner qu'il venait justement de prendre la plus difficile décision de toute sa brève et tourmentée existence ?

Et puis comment se faisait-il qu'il ait laissé sortir Leonardo avec un morceau du mobilier, juste un coussin, certes, mais quand même : si chaque client se permettait semblable petit larcin, le Ritz serait bien vite dégarni.

Peut-être était-ce parce qu'il était en compagnie du millionnaire, et que personne n'aurait osé le contrarier par une remarque aussi prosaïque : « Votre petit ami part avec un de nos précieux coussins ! »

David n'eut pas la chance de tirer ces questions au clair.

Le portier en chef du Ritz décréta, avec un sourire fin :

« Votre voiture est avancée, monsieur le baron de Rothschild. »

David secoua la tête, lui tendit un billet de 100 $. Un billet de 100 $ de plus ou de moins ! Au point où il en était rendu !

« Oh ! merci de votre générosité, monsieur le baron ! »

Il ne se préoccupa pas d'attendre la monnaie que le roué monsieur Guy ne lui rendrait pas de toute manière.

Sa voiture, il avait d'abord cru, ou en tout cas espéré, que ce serait la Porsche 911 dans laquelle il était arrivé au Ritz.

Mais non, c'était sa vieille Honda rouillée !

Il se gratta la tête. Comment avait-elle pu arriver là puisqu'elle l'avait laissé tomber et qu'il n'avait pu la redémarrer, la veille, qu'elle avait même été remorquée vers il ne savait trop quelle fourrière ?

Il fouilla dans ses poches pour voir s'il n'avait pas encore les clés de sa Porsche. Parce que si monsieur Guy ne les lui avait pas remises, c'est qu'il les avait encore.

Mais non !

« Oh, est-ce que je peux monter avec David ? demanda Leonardo, vraiment excité.

— Bien sûr, fit le millionnaire qui, lui, monta dans sa limousine conduite comme à l'habitude par son fidèle chauffeur Edgar.

— Je peux conduire ? demanda Leonardo, l'air quasi suppliant.

— Conduire ?

— Je n'ai jamais conduit une voiture comme ça. »

Continuant à jouer le jeu, David demanda :

« Tu as conduit quoi ?

— Euh… Porsche, Ferrari, une Aston Martin aussi, et j'ai aussi conduit une Alfa Romeo.

— Je crois que conduire une Honda est une expérience surévaluée ! Et de toute manière, il faut avoir 18 ans pour conduire.

— Mais j'ai plus de 18 ans : j'ai 6 ans et 5111 jours, je vous l'ai dit.

— Euh, je… »

Leonardo tira de sa poche une petite carte d'identité plastifiée qui était… son permis de conduire ! David l'inspecta, ahuri : le gamin était en effet en âge de conduire !

« Mais… vous avez l'air d'un gamin.

— Je suis la méthode du docteur Hong.

— La méthode du docteur Hong… »

La limousine du millionnaire s'éloignait lentement. Pas le temps d'en savoir plus.

« Mais de toute manière, protesta David, vous êtes un peu trop petit. »

Leonardo lui montra fièrement le coussin « emprunté » au Ritz.

Qu'il posa fièrement sur la banquette du conducteur.

Il tira ensuite de son inséparable mallette un surprenant talon escalier qu'il fixa sans difficulté à son espadrille droite et qui était gonflable à volonté : il était prêt à prendre le volant !

« On y va ? demanda-t-il.

— Si ma Honda le veut bien. »

Elle le voulut.

Elle avait été mystérieusement réparée par Dieu savait qui !

Leonardo roula trois secondes et dit, surexcité :

« J'A-D-O-R-E votre voiture. Elle est tellement différente de celles que je conduis habituellement. On ne sait jamais comment l'accélérateur va réagir. Ça crée un suspense fou ! »

Oh ! pour être différente d'une Porsche ou d'une Ferrari, elle l'est, c'est sûr, pensa David.

« C'est magique », conclut Leonardo, qui dut passer sur un feu jaune pour ne pas perdre la limousine, et eut un petit sourire coupable.

Magique…

Le mot du jour, ou en tout cas de l'heure, pensa David. Il éprouvait une grande nervosité.

Non seulement parce que Leonardo lui semblait si jeune malgré ses supposés papiers d'identité, mais surtout parce qu'il s'apprêtait à entrer à la mystérieuse École de la Vie Magique.

Le jeu en valait-il la chandelle ?

Ne venait-il pas de flamber un million de dollars inutilement, lui qui avait toujours crevé de faim ?

TROISIÈME PARTIE

L'École de la Vie Magique

1

David de Bormes sourit lorsqu'il reconnut, dès le premier instant, l'immense manoir où il s'était réveillé le matin : c'était la somptueuse résidence du millionnaire !

Il put de nouveau admirer quelques trous du terrain de golf privé, la roseraie, les statues, les fontaines…

« Comment a été votre journée, monsieur de Bormes ?

— Pleine de surprises, Anèse, je veux dire Adèle. »

Elle esquissa un sourire mi-figue mi-raisin.

« Comme toutes les journées avec monsieur le Millionnaire.

— J'ai faim, fit Leonardo, comme tout enfant même si, selon son permis de conduire, il n'était plus un enfant depuis longtemps. On mange quand ? »

Elle se tournait vers le millionnaire qui dit simplement :

« Tout de suite, si vous voulez.

— Oui », fit avec excitation Leonardo.

Dans la salle à manger qui, à elle seule, était deux fois plus grande que l'appartement de David et décorée d'une immense cheminée, ils s'assirent à l'extrémité d'une table qui pouvait accommoder 24 dîneurs.

Un serveur en uniforme leur apporta un très beau menu en cuir sur lequel il y avait une grille ornée d'une grande lettre M, sans doute pour : millionnaire.

Une rose stylisée l'ornait également, qui semblait faire écho à l'énorme bouquet de roses sur la table.

Il y avait d'ailleurs dans chaque pièce que David de Bormes avait traversée des vases somptueux, et souvent précieux, dont plusieurs avaient été ramenés de Murano ou d'autres villes européennes : le millionnaire en faisait la collection, et tous explosaient de roses du jardin, comme si c'était la seule fleur admise au manoir, et ce l'était en effet.

Impressionnant, pensa, le jeune homme. *Le millionnaire a son propre menu*. La liste des plats offerts était également impressionnante. Mais David, peu habitué à fréquenter les grands restaurants, ne reconnaissait rien de ce qu'il mangeait habituellement.

Il nota alors que ni le millionnaire ni Leonardo n'avaient reçu de menu.

« Vous… vous ne mangez pas ?

— Oui, mais on sait déjà ce qu'on veut, proclama Leonardo.

— Ah bon… »

David jeta un nouveau coup d'œil circonspect au menu.

« Essaie le hamburger, suggéra Leonardo.

— Euh, un hamburger.

— Un *cheeseburger*, précisa Leonardo.

— Un *cheeseburger*, alors.

— Votre darne de saumon habituelle, monsieur ? demanda le serveur au millionnaire.

— Oui. »

Après le repas, le millionnaire dit à David :

« Venez, je vais maintenant vous montrer la Toison d'or.

— La Toison d'or ? »

2

David de Bormes, inactuel en ce goût comme en son dégoût pour le pain et les jeux modernes, était fasciné par la mythologie (autant grecque que latine) et savait que la Toison d'or était celle d'un bélier pourvu de grandes ailes sur lequel Phrixos et Hellé, frère et sœur jumeaux, s'étaient commodément enfuis pour échapper à leur belle-mère qui voulait tout simplement les tuer, dans le but d'avoir une vie : les familles reconstituées modernes ont des racines plus anciennes que l'on croit !

Malgré sa passion pour ces mythes, le jeune homme avait toujours cru logique, nonobstant sa manière originale de voir la vie, que cette histoire d'évasion n'était que fiction, et que, par conséquent, la Toison d'or, fourrure de ce bélier aussi ailé que mythique, n'avait jamais existé.

Mais peut-être le millionnaire parlait-il de manière allégorique.

Il dut bientôt constater que non.

Le millionnaire philosophe ouvrit en effet devant lui une vaste armoire en bois noir dans laquelle était suspendue une fourrure blanc et or ornée de deux grandes ailes. Elle était simplement éblouissante. Bouche bée, David finit par dire :

« Magnifique, absolument magnifique. Mais je croyais que la Toison d'or n'avait jamais existé, qu'elle n'était qu'un mythe.

— Il y a beaucoup de choses que les gens croient réelles et qui n'existent pas, et beaucoup de mythes anciens auxquels les gens ne croient pas, et qui pourtant sont vrais. Remarquez, la chose est normale : non seulement la plupart des gens ne pensent pas, mais ils ne croient pas ce qu'ils ne voient pas. Ils sont comme Thomas, sans pensée et sans imagination de surcroît.

Le jeune homme avait écouté distraitement la tirade du vieil homme. Il était fasciné par la Toison d'or (lui rappelait-elle inconsciemment celle de la princesse Visconti ?), par ce qui s'en dégageait; elle était simplement… magique !

« Pour réussir à l'École de la Vie Magique, énonça un peu mystérieusement le millionnaire, il suffit simplement de voir la Toison d'or.

— Mais… balbutia David, qui n'était pas sûr de comprendre, je la vois. »

Le millionnaire sourit :

« Il faut la voir dans sa forme subtile.

— Dans sa forme subtile ?

— Oui, venez avec moi ! »

Il l'entraîna vers une fenêtre. Tendit le doigt en direction d'une des nombreuses statues que le soleil, en cette heure du jour, éclairait de belle manière.

« Elle est là. Vous la voyez ?

— Euh non…

— Elle est là, aussi. Regardez comme elle est belle ! »

Il désignait un vert de son terrain de golf privé. Que les rayons du soleil inondaient. Et il y avait beaucoup de sincérité et d'émotion dans cette phrase. De toute évidence le millionnaire ne jouait pas un jeu.

« Euh, je ne dois pas être très doué : je ne la vois pas. Je vois seulement un vert de golf et un drapeau.

— C'est pour ça que vous devez venir à l'École de la Vie Magique. Rejoignez-moi à la roseraie dans 15 minutes ! »

Le jeune homme regarda sa montre. La magnifique et mythique Rolex ayant appartenu à Eric Clapton.

Mais lorsqu'il arriva à la roseraie, exactement 15 minutes plus tard, une surprise l'attendait.

Un gardien en défendait l'accès, et ce gardien était tout sauf un gardien habituel : en effet, c'était un véritable géant !

3

En le voyant, le jeune homme eut un mouvement de recul naturel. Il ne put estimer sa grandeur exacte (il mesurait précisément 2,29 mètres soit environ 7 pieds 6 pouces), mais il se sentit sans doute comme les Lilliputiens en présence de Gulliver : vraiment petit sinon minuscule.

Il était vêtu un peu étrangement comme un page du Moyen Âge avec une tunique faite de carrés de satin or ou bleu, et de poulaines dont la pointe était d'une longueur surprenante, et relevée vers le haut d'une manière amusante.

Il se tenait devant la grille qui donnait accès au jardin, et s'inclina devant le jeune homme en lui demandant d'une voix fort aimable, comment il pouvait l'aider. Son regard était doux et rieur, et n'avait rien de celui, méchant et stupide, qu'arborent certains de nos contemporains (et certains dirigent ou veulent diriger nos vies), ou qu'on prête aisément aux ogres des contes pour enfants.

« Euh, je… »

Au lieu de lui dire de quelle manière il pouvait l'aider, le jeune homme fit candidement :

— Vous… vous êtes vraiment grand.

— Oui, je sais. La plupart des gens me disent ça. La vie est mystérieuse parfois.

— Mystérieuse ?

— Oui, quand j'avais 17 ans, tout le monde me disait que j'étais petit pour mon âge.

— Vous, petit ? Difficile à croire !

— Mon père était un nain. Moi aussi j'étais un nain de naissance. Et quand par "erreur", j'avais des idées de grandeur (dans le vrai sens du mot), tout le monde riait de moi, mon père le premier, tout le monde disait que je rêvais en couleurs. Je les croyais. Je ne croyais pas en moi. Je me diminuais.

— Dans tous les sens du mot.

— Dans tous les sens du mot. »

Spontanément et comme malgré lui, le jeune homme pensa à son père. Peut-être lui aussi croyait-il qu'il était un nain : alors il avait raté sa vie de comédien. Et lui l'avait peut-être imité : si bon sang ne ment pas, mauvais sang non plus !

« Mais comment avez-vous pu passer de… »

Le jeune homme n'osait pas prononcer le mot : nain.

« De nain à géant ? C'est simple. J'ai rencontré le millionnaire et j'ai suivi ses conseils. Et j'ai aussi suivi la méthode du docteur Hong. Comme dit mon maître à penser le millionnaire : Socrate avait raison : "L'homme est perfectible." Chaque grand homme a eu un passé, chaque nain peut avoir un avenir. »

Le docteur Hong, encore lui ! pesta intérieurement le jeune homme qui pensa aussi aux sueurs froides qu'il lui avait données avec son faux diagnostic de cancer à la con.

Socrate…

Un nain avec un avenir…

Chacun de ces mots faisait mouche dans l'âme étonnée du jeune homme.

« Je… bafouilla le jeune homme.

— Comment puis-je vous aider ?

— J'ai rendez-vous avec le millionnaire dans la roseraie et je… (il consulta sa montre), je me rends compte que je suis déjà en retard.

— Je comprends, mais avez-vous de quoi payer votre entrée au jardin ?

— Euh, je… »

La demande l'étonnait. Il ne se trouvait pas chez Disneyworld, après tout ! Et le géant avait l'air de tout sauf d'être mercantile, avec la lueur de bonté amusée dans ses yeux.

L'argent, en cet instant, le jeune homme s'en foutait un peu.

Il voulait surtout ne pas décevoir le millionnaire, arriver en retard : la ponctualité n'était-elle pas la politesse des rois !

Il tira son portefeuille de sa poche.

Tira une coupure de cent dollars de son portefeuille.

Le gardien ne daigna même pas la prendre.

Afficha une moue dédaigneuse.

Croyant qu'il voulait marchander avec lui, David lui offrit un autre billet.

Le gardien plissa les lèvres, dodelina la tête en signe de refus.

Décidément, il était gourmand, ce géant ! pensa le jeune homme, qui commençait à perdre son sang-froid.

Il le dévisagea, et alors bizarrement pendant une fraction de seconde, il trouva que sa physionomie se transformait : il n'avait plus deux yeux, mais seulement un. Immense. Au milieu du front. Comme s'il était un lointain descendant du Cyclope qu'Ulysse aveugle, dans l'*Odyssée* d'Homère, après l'avoir dupé en lui disant que son nom était… personne.

Mais la vision ne dura pas.

Le géant à nouveau possédait deux yeux.

Le jeune homme prit tout l'argent qui lui restait dans son portefeuille, et le lui tendit d'un geste un peu brusque :

« Bon, voilà, je vous donne tout ce que j'ai… Plusieurs milliers de dollars. Ça devrait vous suffire, non ?

— Non. Je n'accepte que de l'argent qui vient de la Banque du détachement et du discernement. »

D'abord le jeune homme pensa, *mais il parle de quoi, là: la Banque du détachement et du discernement*?

Puis il se frappa le front.

Ce qu'il pouvait être con!

Il venait de se souvenir de manière tout à fait opportune de la mystérieuse pièce d'or que le millionnaire lui avait remise comme récompense de son sacrifice d'un million.

Il la tira de sa poche, la tendit au gardien qui lui ouvrit illico la porte de la roseraie.

4

« Où étiez-vous? le disputa amicalement le millionnaire, je me demandais si vous alliez venir à la fin.

— Des ennuis avec le gardien.

— Ah! ce cher Polyphème. Il est doux comme un agneau pourtant. »

Polyphème, pensa le jeune homme, *mais c'est le nom du Cyclope dans l'*Odyssée, *et alors je n'ai peut-être pas rêvé lorsque j'ai vu son œil unique!*

« Je n'ai aucun reproche à lui faire. »

Le jeune homme avait retrouvé le millionnaire au milieu de la roseraie, que dominait une immense horloge trônant sur une colonne fort haute.

Magnifique, elle ne semblait pourtant pas fonctionner, car elle marquait de son aiguille unique midi, ou juste un peu passé midi. Or, il était depuis longtemps passé cette heure. Il était au moins deux heures, peut-être trois heures de l'après-midi.

Le jeune homme nota alors que ce n'était pas une horloge ordinaire. Son premier chiffre à droite de midi était comme sur toutes les horloges. Mais il en comptait le double. En effet, il se rendait jusque la 23e heure.

Le jeune homme n'osa pas questionner le millionnaire à ce sujet : ni que l'horloge semblait arrêtée ni qu'elle comptait 23 chiffres.

Il y avait aussi, au pied de la colonne supportant cette horloge bien singulière, un tout petit banc de pierre, apparemment destiné à un enfant, *ou peut-être au gardien lorsqu'il était encore nain*, pensa le jeune homme.

Sur son dossier, une plaque de bronze en indiquait le propriétaire ou en tout cas le plus fréquent usager.

« La petite couturière de Dieu ? se permit de lire à haute voix le jeune homme, et il souriait, car le nom l'avait surpris autant que charmé.

— Oui, elle vient parfois, mais assez rarement en fait, visiter le jardin quand le cœur lui en dit, ou qu'un de mes invités l'appelle.

— Que fait-elle ?

— Elle répare le manteau de l'âme.

— Le manteau de l'âme ? Je dois admettre que je ne l'ai jamais vu.

— Il est invisible. Et pourtant elle le fait voir à mes invités.

— Comment ?

— Dans ce miroir. »

Le millionnaire tendit alors son index droit vers une psyché, ces sortes de longs miroirs sur pied, de forme ovale, devant lesquels, dans une chambre à coucher, les femmes s'habillent ou se déshabillent pour leur mari, leur amant ou leur petit ami. C'est selon. La saison. Des amours. Et de leur dissolution.

« Ah ! bon.

— Vous lui demanderez des détails quand vous la verrez.

— Mais pourquoi la verrais-je, si elle ne vient ici que rarement ?

— Elle viendra si vous avez besoin d'elle. Mais il faut la prier de venir de tout son cœur, avec la plus grande sincérité. Sinon, elle reste cachée.

— Noté ! », fit le jeune homme qui ne trouvait pas ces conseils très importants.

Pour le moment.

Le millionnaire sentit cette indifférence du jeune homme, mais ne s'en formalisa pas. Plutôt il sourit puis il dit :

« Venez, je vais vous montrer quelque chose. »

Il l'entraîna vers un département de sa roseraie qu'une affiche annonçait un peu curieusement comme : les rosiers malades.

Le jeune homme la lut et s'interrogea :

« Malgré votre immense fortune, vous avez des rosiers malades ?

— Mon jardinier est malade.

— Vous pourriez en embaucher un autre.

— Oui, mais sa maladie me permet de guérir mes visiteurs malades.

— Vous trouvez que je suis malade ?

— L'agitation mentale est la plus grande des maladies : d'elle naissent toutes les autres maladies, autant celles du corps que de l'esprit.

— Je vais réfléchir à ça à tête reposée », ironisa le jeune homme, ce qui ne déplut pas au millionnaire bien au contraire.

Une pause, et le millionnaire dit, désignant des rosiers chétifs et malades, surtout en comparaison de leurs compagnons, dans le reste de la roseraie :

« Ces rosiers souffrent de l'un ou de tous les maux si fréquents des rosiers.

— Quels sont ces maux, je suis curieux, même si je n'ai pas de rosiers ?

— Tout le monde a des rosiers, se permit de le contredire le millionnaire, et d'une voix si ferme que le jeune homme n'osa pas protester. Et les rosiers de presque tout le monde sont malades.

— Je suis curieux...

— Voyez ces rosiers, ils n'ont pas atteint leur taille véritable, et au lieu d'avoir 50 roses, ils en ont à peine 20, parfois moins, et leur vue est désolante. Pourquoi ?

— Ils ont été plantés au mauvais endroit. Trop à l'ombre de cette haie de cèdres qui est belle, certes, mais leur fait compétition.

— Vous avez le sens de l'observation, jeune ami. Mais allons plus loin, et voyons si vous avez aussi le sens philosophique.

— Le sens philosophique ?

— Oui, quel est l'équivalent, chez un être humain, de manquer de soleil ?

— Euh, je ne suis qu'un modeste chasseur. Au Ritz peut-être, mais quand même juste un chasseur.

— Ne faites jamais cette erreur ! Vous n'êtes pas ce que vous faites, surtout dans vos débuts. Vous êtes ce que vous croyez pouvoir être, ce que vous croyez pouvoir faire. Même si personne ne croit en vous. À la vérité, il suffit qu'une personne croie en vous pour que vous réussissiez, même si cette personne, c'est... VOUS. Et c'est souvent le cas, hélas, car le succès est bien souvent une route solitaire.

— L'échec aussi, si je puis me permettre.

— Vous avez bien raison. »

Une pause, et le millionnaire expliquait :

« Pour un être, le soleil, c'est l'optimisme, l'enthousiasme, la joie.

— Je vois… »

Et le jeune homme pensa que son père n'en avait jamais eu une bien grande provision, ni d'optimisme ni de joie : il était plutôt un être de l'ombre. Comme lui. Et c'était peut-être pour cette raison que l'un et l'autre étaient restés… dans l'ombre, sans mauvais jeu de mots.

Cette pensée le chagrina, et même l'accabla.

Soudain, il se sentait comme ces rosiers chétifs et maladifs.

Mais le millionnaire mit fin à sa morosité en poursuivant son éducation philosophique.

« Voyons maintenant pourquoi ces autres rosiers sont malades. »

Le vieil homme au regard si jeune invita le jeune homme au regard déjà si vieux à observer un rosier qui avait perdu presque toutes ses feuilles et qui, en conséquence, ne payait pas de mine.

« Je ne vois rien, admit bientôt le jeune homme.

— Regardez de plus près », le pria le millionnaire.

Le jeune homme s'approcha, et eut une moue de dégoût :

Il venait de voir des vers de couleur verte, donc quasi invisibles de loin, mais pourtant bien présents qui dévoraient patiemment les feuilles du rosier.

« Ouash, fit le jeune homme en constatant enfin leur présence.

— Ces vers, fit le millionnaire, ce sont les mauvaises habitudes. Elles sont si bien dissimulées en nous que bien vite on ne les voit plus, on ne note plus leur présence. Elles font partie de nous, elles sont nous. Comme Pascal a si bien dit: "L'habitude est une seconde nature." Au bout de quelque temps, ces vers ont rongé toutes nos feuilles: et nos feuilles sont ce qui en nous absorbe le soleil de l'optimisme, de la joie. Nous sommes à plat, nous n'avons plus de rêves, de vision. Il ne nous reste plus que la télévision.

— Je n'ai pas de télévision. Je n'en ai jamais eu les moyens.

— Votre pauvreté est votre meilleure amie. Mais voyons d'autres maladies des rosiers, qui sont autant de maladies de l'esprit.»

Le millionnaire invita le jeune homme à examiner un autre rosier.

Le jeune homme crut d'abord à une plaisanterie: les feuilles du rosier étaient luisantes et intactes.

«Regardez dans la fleur!»

D'abord le jeune homme ne vit rien. Il dit seulement:

«Elle n'est pas très belle. Elle a passé un mauvais quart d'heure, on dirait.

— Regardez de plus près! Vous allez comprendre la raison de sa misère.»

Le jeune homme obtempéra, et, trois secondes plus tard, il reculait avec une moue de dégoût, alors qu'il venait d'apercevoir des scarabées et ce qu'on appelle en anglais des *aphids*, qui sont des pucerons verts et ailés, à l'œuvre au cœur de la rose.

Ils avaient dévoré les pétales de la fleur, qui semblait à l'article de la mort, et en tout cas avait tout perdu de sa splendeur originale.

«Les pucerons, expliqua le millionnaire, ce sont nos pensées, nos doutes, nos craintes et nos haines, nos tracas et nos jalousies qui détruisent presque tous les êtres et leur font perdre leur beauté, réduisent à néant leurs rêves. C'est aussi le pouvoir qu'on donne aux autres sur notre être, et qui souvent est bien plus grand qu'on ne pense. Les scarabées, brillants et séduisants, ce sont toutes les illusions qui nous éloignent de notre chemin véritable : le chemin spirituel. Autant les pucerons que les scarabées sont petits, mais à la fin ils nous dévorent, à la fin ils nous dominent, comme nos démons nous dominent, et ils emportent tous nos rêves, toute notre bonté, tout notre bonheur.

« Hum, je vois, fit le jeune homme.

— Venez, je voudrais maintenant vous montrer un autre rosier et vous raconter sa leçon. »

Le jeune homme suivit le vieil homme, qui marchait d'un très bon pas malgré son âge.

Lorsqu'il vit le rosier que le millionnaire lui désignait du doigt, le jeune homme dut avouer :

« Je ne comprends pas. Le rosier est en plein soleil. Je ne vois pas de pucerons ni de scarabées. Que s'est-il passé ?

— Ce rosier n'a pas été taillé. Ses fleurs ont fané, sont devenues ces petits fruits que vous voyez. Des fruits dont personne ne veut alors que tout le monde recherche les roses. Quelle leçon ce rosier sans fleurs nous enseigne-t-il ?

— Je ne saurais dire.

— Tailler un rosier, c'est le discipliner. Sans discipline, la beauté du monde se perd. En ce monde rien de grand n'a jamais été accompli sans discipline. Mais à notre époque hélas, la discipline n'est guère populaire. La plupart des gens croient pouvoir tout obtenir sans effort, sans sacrifices, sans discipline. À une époque, Rome fut une rose magnifique, la rose des roses, la rose première, partout dans le monde et Venise, La Sérénissime, eut son siècle d'or, mais lorsque la discipline se perdit, le ver de la décadence s'installa, comme le vert ver de la rose et tout fut perdu, toute la munificence ancienne, toute la richesse accumulée, tout ce qui avait été acquis, conquis, admirable et admiré. »

Le millionnaire tira alors de sa poche un sécateur de millionnaire (et excentrique de surcroît !), car ses lames rutilantes semblaient en or véritable et ses poignées étaient comme deux ailes ornées de pierres précieuses, des émeraudes, des rubis, et peut-être même des diamants.

Et il se mit à tailler le rosier avec grande application et grande modestie, même s'il n'était pas jardinier de son métier, mais peut-être l'était-il. Ce faisant, il expliquait :

« Chaque jour qui se lève peut être une page nouvelle dans l'histoire de votre vie. Votre roman n'est jamais fini, même si ses premiers chapitres ont été sombres. Vous pouvez être comme le phénix de la légende qui constamment renaissait de ses cendres. »

Une pause et il poursuivait :

« Je taille ce rosier, avec amour et concentration, pour que le geste soit parfait, et dans deux semaines, trois tout au plus, il aura refleuri, et les roses qui dormaient en lui et auraient dormi jusque la fin des temps sans le miracle de la discipline, à nouveau illumineront le monde et donneront l'espoir d'une vie meilleure, car la beauté est une grande consolation, elle est une promesse de bonheur. »

Et le millionnaire continuait de tailler le rosier. Et le jeune homme voyait bien que son application infinie était plus qu'une simple application. Elle était poésie. Elle était amour patiemment insufflé dans le plus simple des gestes.

Le jeune homme observait.

Même, il admirait.

Comme malgré lui, le malheur ayant tôt développé en son esprit un sens critique aigu, il pensa que, jamais, de toute sa vie, il n'avait vu un être si absorbé dans une tâche, même si tailler de petits fruits inutiles et inintéressants, sur un rosier tout aussi inutile et inintéressant par son absence de beauté, n'était quand même pas composer une symphonie. Et pourtant ça semblait tâche aussi capitale pour lui ! Sa hiérarchie des valeurs était autre et sans doute supérieure !

Le millionnaire vérifia avec une concentration quasi maniaque qu'aucun fruit ne subsistait sur le rosier, qui aurait empêché la naissance d'une beauté nouvelle. On aurait dit une question de vie ou de mort.

«Voilà!», dit enfin le millionnaire.

Et il contemplait son «œuvre».

Pourtant, le jeune homme osa bientôt dire:

«Je ne voudrais pas gâcher votre joie, mais honnêtement, je ne vois pas comment tout ce que vous venez de m'enseigner sur les rosiers malades – et je vous en suis infiniment reconnaissant – m'aidera à voir la Toison d'or.»

Le millionnaire esquissa un sourire:

«Je voulais vous tester.

— Me tester?

— Oui, pour savoir si vous aviez l'étoffe d'un vrai philosophe. Je vois que vous n'avez pas oublié la chose la plus importante de la vie. Car ce qu'on recherche toujours, même sans le savoir (à travers la gloire, la richesse et l'amour), c'est la Toison d'or.

— Dites-moi juste quoi faire! Je suis prêt.

— Selon la légende ancienne, il y eut Douze Travaux d'Hercule. Ce que vous devez maintenant accomplir, pour conquérir la vision de la Toison d'or, ce sont en quelque sorte les Douze Travaux d'Hercule de l'Esprit. Mais comme vous avez déjà développé nombre de qualités intérieures, vous n'aurez pas à en accomplir autant, vous êtes sans le savoir déjà avancé sur le chemin.

— Je suis prêt.»

Le millionnaire le conduisit devant la grande horloge du jardin, lui expliqua:

«Cette horloge n'est pas une horloge ordinaire.

— Oui, j'avais remarqué, elle compte 24 chiffres, en fait 23. Et elle ne semble avoir qu'une seule aiguille.

— Exact. C'est l'Horloge du Temps Présent.

— L'Horloge du Temps Présent ? »

5

« Oui, à chaque heure que vous passez vraiment absorbé dans le temps présent, elle avance d'une heure. Lorsque vous avez fait le tour du cadran, vous pouvez voir la Toison d'or. Même que vous la verrez partout sans faire le moindre effort. Car vous aurez enfin retrouvé votre vraie nature. Vous serez enfin redevenu ce que vous êtes. Vous serez entré dans la Vie Magique.

— Ah, c'est plus facile que je pensais, je peux commencer quand ?

— Mais tout de suite !

— Alors que dois-je faire ?

— Juste être là.

— Être là ?

— Oui, être. Ici. Maintenant. Dans la roseraie.

— C'est curieux, se permit de réfléchir le jeune homme à haute voix (et grande émotion) mon père, son film préféré, c'était *Being There*. »

Et il pensa aussi qu'il aurait aimé, mais alors là vraiment aimé, que son père soit là avec lui, dans ce jardin.

Et il pensa aussi, un peu stupidement, il n'en disconvenait pas : *c'est plat qu'il faille que notre père soit plus âgé que nous, mais bien sûr s'il avait le même âge que nous, il serait notre frère, et non pas notre père... N'empêche...*

« Il n'y a pas de hasard, fit le millionnaire. Nous devions nous rencontrer.

— C'est gentil de dire ça. Mais si je puis me permettre de vous faire remarquer, je suis déjà ici, maintenant, dans la roseraie.

— Oui, mais je suis avec vous, on parle, vous n'êtes pas seul. Le défi est d'être seul et de ne penser à rien, de juste être là. Et d'être si absorbé dans le moment présent, que, à la fin, vous ne réaliserez plus que vous êtes seul. Mais vaincre la solitude est chose difficile.

— Hum, je vois... »

Il disait cela, comme on dit souvent, même s'il ne voyait pas, et du reste ne pouvait voir : on ne comprend vraiment que ce qu'on a expérimenté personnellement, même dans les choses les plus simples : qui ne s'est jamais brûlé un doigt n'en saurait dire la douleur, qui n'a jamais goûté une orange, n'en peut décrire la saveur.

Mais le jeune homme pensa aussi que, justement, il avait passé sa vie à être seul, ou presque et que, par conséquent, il avait déjà un bon entraînement : la maxime « à quelque chose malheur est bon » trouvait ici surprenante application.

« Je suis prêt.

— J'aime votre enthousiasme, il est empli de magnifiques promesses. Maintenant, venez vous asseoir sur le banc du prince !

— Le banc du prince ? »

Il le lui montra.

Il était en pierre, comme celui de la petite couturière de Dieu. Mais de l'autre côté de l'Horloge du Temps Présent. Il y avait aussi une plaque en bronze qui indiquait : banc du prince.

Le jeune homme s'y assit.

Il ne se sentit pas comme un prince.

Même si, pendant quelque temps, on l'avait pris pour le baron de Rothschild, et qu'il avait été fiancé à une véritable princesse le temps que... durent les roses !

L'expression s'impose.

Dans un jardin de roses !

« Maintenant, voici le premier de vos Douze Travaux d'Hercule de l'Esprit. Et en même temps ce pourrait être le seul et le dernier. Comme je vous disais, ne pensez à rien ! Ne pensez pas au passé, ne pensez pas au futur ! Pensez juste au moment présent ! Savourez-le ! Comme si c'était le dernier instant de votre vie sur cette terre, la première et la dernière gorgée du plus grand cru que vous n'ayez jamais bu.

— J'aime l'idée, même si je n'ai jamais bu de grands vins.

— Qui en a vraiment besoin ! »

Une pause et le millionnaire poursuivait :

« Sentez seulement le vent sur votre joue ! Regardez le vol des nuages dans le ciel et laissez votre esprit s'envoler vers l'éternité ! Respirez le parfum de mes chères amies les roses, percevez-en les infinies nuances, les subtilités, devenez un nez, comme si vous étiez parfumeur. Regardez le délicat mouvement des fleurs sous la brise, voyez leur fragilité, voyez leur beauté infinie.

— Je comprends, c'est simple.

— C'est simple à comprendre, mais difficile à réaliser. Et je dois aussi vous dire : vous avez seulement sept jours.

— Sept jours pour quoi ?

— Pour que l'aiguille de l'Horloge du Temps Présent fasse le tour du cadran. Ensuite, l'horloge revient à son point de départ et vous devez tout recommencer à zéro.

— Même s'il me reste juste une petite heure ?

— Même s'il vous reste juste une petite minute ! »

Le jeune homme arrondit les yeux, et on y voyait une lueur de découragement. Il pensa comme malgré lui que ça ressemblait un peu au jeu d'échelles et de serpents qui avait égayé son enfance mouvementée, même s'il avait toujours eu la phobie des serpents. Il faut dire que ce n'était que des serpents de papier.

Tôt dans son enfance, il avait développé la curiosité de tout. Laissé la plupart du temps à lui-même par ses parents adoptifs qui ne le gardaient que pour l'argent et n'avaient jamais de temps pour lui, il avait fait des livres son refuge.

Il s'était demandé pourquoi ce jeu exerçait pareille fascination sur les enfants, les adolescents et parfois même leurs parents.

Le serpent après tout n'était pas animal fort avenant. Et une échelle, ce n'était guère fascinant !

Il avait découvert au fil de ses lectures que ce jeu, qui remontait au deuxième siècle avant Jésus-Christ, avait été inventé par des maîtres pour illustrer aux enfants la voie spirituelle, sur laquelle les bonnes actions (les échelles) raccourcissent le chemin, et les mauvaises (les serpents) l'allongent.

Dans le jeu bien sûr, le pur hasard, ou si vous voulez, un simple coup de dés déterminait la chute ou l'ascension des joueurs : dans la vraie vie, le libre arbitre nous permet de choisir des actions méritoires et d'autres qui le sont moins, et ainsi, ultimement, de décider de notre destin.

« Un homme averti en vaut deux, surtout lorsqu'il a été averti par un homme avisé comme vous.

— La flatterie ne vous conduira nulle part, jeune homme. »

Le millionnaire disait cela en lui souriant avec une affection toute paternelle.

Le millionnaire regarda sa montre. Une montre encore bien plus précieuse à ses yeux que la montre ayant appartenu à Eric Clapton. Car cette montre, il ne s'en serait jamais défait, même pour tout l'or du monde : c'était celle de son père. C'est sa mère qui la lui avait donnée.

Il n'avait jamais connu son père.

Malgré toutes ses prières : le Ciel parfois fait la sourde oreille !

C'est ce qui nous semble du moins : ensuite on comprend la manière dont il s'y prend : c'était loin de notre entendement.

« Il est trois heures, dit le millionnaire. Je vous laisse à votre tâche. Je reviens à six heures. Nous ferons les comptes, devant l'Horloge du Temps Présent. »

Il crut bon de lui répéter les instructions :

« Ne pensez à rien ! Ni au passé ni au futur. Soyez juste présent dans ce jardin. Je vous souhaite bonne chance. »

Le jeune homme haussa les épaules : il avait parfaitement compris ce que venait de lui dire le millionnaire.

Pourtant, jamais tâche ne lui parut plus difficile.

Être assis à ne rien faire, même sur le banc du prince, même dans la roseraie du millionnaire, n'était pas défi facile.

Le plus difficile bien sûr, comme le millionnaire l'en avait prévenu, était de... ne penser à rien !

Le jeune homme en effet pensa à...

...son père démissionnaire de sa vie...

...Claudia, qui l'avait quitté pour un médecin...

...la princesse Visconti, qui l'avait quitté il ne savait pourquoi au juste...

Ah oui ! parce qu'elle venait de « découvrir » grâce aux bons soins de sa mère, exacerbée par un chien suicidaire, qu'il n'était pas baron de Rothschild, alors qu'il le lui avait expliqué depuis le début...

Il pensa aussi à sa carrière de comédien...

À sa dernière audition, qu'il commença à analyser en détail...

Se disant que s'il avait donné telle inflexion à telle réplique, ajouté telle nuance à telle mimique, il aurait peut-être décroché le rôle…

Ce n'est qu'au bout d'un assez long moment qu'il se rendit compte que, peut-être, il n'avait pas suivi à la lettre les instructions du millionnaire : la distraction – le millionnaire aurait dit l'agitation – maladie naturelle de son esprit, avait eu le dessus.

Il consulta sa Rolex.

Quatre heures trente déjà !

En somme, il avait déjà passé une heure trente à laisser son esprit divaguer.

Il se leva du banc du prince, regarda avec angoisse l'Horloge : son aiguille unique n'avait pas bougé d'un iota !

Il avait « perdu » une heure trente !

Était-il si nul dans l'art d'être simplement là : *Being there* ?

Obstiné, orgueilleux, et désireux par-dessus tout de plaire au vieux millionnaire, il n'acceptait pas si facilement la défaite.

Il se campa confortablement sur le banc du prince, et s'efforça d'être présent.

Se concentra.

De toutes ses forces.

Comme il faisait avant d'entrer sur scène, dans les pièces de théâtre amateur auxquelles son ambition immense avait dû se confiner.

Il pensa : *il ne faut pas que… je pense ! Il faut seulement que j'admire les roses, que je sente leur parfum, que j'épie leur délicat mouvement dans le vent…*

Il lui sembla qu'il réussissait.

Ce n'était pas si difficile que ça quand on s'appliquait.

Il sourit.

Il triomphait.

Quelque temps plus tard, il eut l'impression qu'on le souffletait. Il se réveilla.

C'était le millionnaire qui venait de le tirer de son sommeil.

Il esquissa un sourire embarrassé, mais se leva d'un bond, et alla vérifier l'heure sur la grande horloge : l'aiguille unique n'avait pas bougé, elle marquait encore midi pile.

Le jeune homme semblait vraiment dépité.

Lui qui avait cru si facile cette tâche : c'était véritablement un des Douze Travaux d'Hercule de l'Esprit.

« Ne vous en faites pas trop. Vous sembliez si confiant que je vous ai donné un des travaux les plus difficiles, comme si je vous avais demandé de traverser un lac, mais sans une barque.

— Demain, je vous enseignerai une autre manière.

— Je viens donc de perdre la première journée ?

— C'est une façon de parler. Rien n'est jamais perdu. Vous venez d'apprendre une manière d'échouer. Il vous reste six jours pour apprendre la manière de réussir. »

6

« Vous voyez ces sept sacs ? », demanda le millionnaire au jeune homme alors qu'ils se trouvaient tous les deux dans la roseraie.

C'étaient de très beaux sacs qui n'étaient ni en papier ni en jute, comme on en trouve communément sur le marché, mais en lin.

« Euh, oui, que dois-je faire avec ?

— Bien vous voyez cette plate-bande ? »

Le jeune homme la regarda. Elle était couverte de mauvaises herbes.

« Votre jardinier est malade, ça se voit.

— La Vie parfois fait bien les choses. Votre tâche consiste à arracher ces mauvaises herbes et à les mettre dans ces sacs. Une fois que vous aurez terminé, allez prévenir le gardien, il viendra me chercher.

— C'est simple.

— Euh, oui, si on veut. Si vous faites bien la tâche, l'aiguille de l'Horloge du Temps Présent avancera.

— Je comprends.

— Mais n'oubliez pas, vous ne devez penser à rien d'autre. Juste arracher des mauvaises herbes. Être là. »

Being there...

Et à nouveau, comme malgré lui, le jeune homme pensa à son père. Qui justement n'était plus là. Qui ne serait jamais plus là : banale mais accablante réalité de la mort.

« C'est simple... mais je les arrache avec quoi, les mauvaises herbes ? Avec mes mains nues ?

— Non. Bien sûr », fit le millionnaire.

Et il lui montra, un sarcloir trident et une petite pelle qui se trouvaient commodément près de la plate-bande.

« Bonne chance », dit le millionnaire.

Et il s'éloigna.

Mais il n'avait pas fait trois pas qu'il se retourna et ajouta :

« Oh, j'oubliais de vous dire, il y a un serpent dans la roseraie.

— Ah, merci de me le dire...

— Vous êtes bienvenu », fit le millionnaire avec un sourire.

Et il se remit en marche vers la sortie de la roseraie.

Un serpent! pensa le jeune homme. *Moi qui déteste les serpents! De plus, je dois travailler agenouillé dans le jardin et il pourra me mordre.*

Mais il se dit, comme le millionnaire avait commencé à lui enseigner: *contre mauvaise fortune, il faut faire bon cœur, je travaillerai plus vite et je serai vigilant. En plus au fond je suis armé. Si ce serpent ose m'attaquer, je le pique avec mon sarcloir ou je lui coupe la tête avec ma pelle*!

Il sourit.

Se mit au travail.

En trois heures, il avait accompli sa tâche.

Avant d'aller voir le gardien, il vérifia minutieusement que nulle mauvaise herbe n'avait échappé à sa vigilance.

La terre du jardin, bien remuée par sa pelle, était noire et belle.

Les sacs de lin étaient pleins à craquer: on aurait dit des outres de vin.

Le jeune homme pensa alors que leur nombre avait été exactement suffisant pour pouvoir y mettre toutes les mauvaises herbes. *Tout est parfait*, pensa-t-il. *Ou alors le millionnaire est doté d'une prescience singulière. Mais c'est peut-être juste de la chance. Ou de l'expérience. Enfin, quelle importance*!

Les rosiers *Strike it rich* (le millionnaire avait de la suite dans les idées, décidément!), dont les pétales (entre 30 ou 37, en général) sont jaunes comme l'or et délicatement bordés de rose, étaient magnifiés par ce travail. Poussés par une brise favorable, ces odorants rosiers Grandifloras semblaient s'incliner en direction du jeune homme comme s'ils lui étaient reconnaissants de s'être occupé d'eux et de leur permettre de mieux grandir, car comme chacun sait, même sans être jardinier, les mauvaises herbes sont leurs ennemies, qui les privent de la substance qui assure leur croissance. Et de surcroît, elle favorise les maladies.

Les rayons du soleil frappaient la plate-bande avec un angle qui poétisait la scène.

Pendant une minute, une toute petite minute, le jeune homme eut une sorte d'éblouissement, de contentement.

Réel.

Il trouvait que cela était bon et beau.

Puis il s'épongea le front, et, fier de lui, se dit, *maintenant, allons prévenir le gardien* !

Mais une surprise l'attendait.

7

Le gardien était assis, appuyé contre la grille, et il sanglotait, la tête basse, un petit livre dans sa main gauche. Ou pour être plus précis un livre qui n'était peut-être pas si petit que ça, mais semblait forcément minuscule dans sa main, qui était immense.

La première idée du jeune homme était bien entendu de lui demander de prévenir le millionnaire que sa tâche était accomplie, mais de voir le gardien pleurer ainsi lui arrachait le cœur. Il pensa que c'était encore pire, parce que, justement, c'était un véritable géant, et, un peu stupidement, on croit aisément que plus on est grand moins on a de chagrins, petits ou grands, moins on pleure ou devrait pleurer.

« Pourquoi pleurez-vous ?

— C'est trop beau.

— Trop beau ?

— Oui, écoutez... »

Il lui lut alors *L'espoir luit comme un brin de paille* (1873) qui est le texte III de la troisième section de *Sagesse*, recueil fameux de Verlaine, ami de Rimbaud.

L'espoir luit comme un brin de paille dans l'étable.
Que crains-tu de la guêpe ivre de son vol fou ?
Vois, le soleil toujours poudroie à quelque trou.
Que ne t'endormais-tu, le coude sur la table ?

Pauvre âme pâle, au moins cette eau du puits glacé,
Bois-la. Puis dors après. Allons, tu vois je reste,
Et je dorloterai les rêves de ta sieste,
Et tu chantonneras comme un enfant bercé.

Midi sonne. De grâce, éloignez-vous, madame.
Il dort. C'est étonnant comme les pas de femme
Résonnent au cerveau des pauvres malheureux.

Midi sonne. J'ai fait arroser dans la chambre.
Va, dors ! L'espoir luit comme un caillou dans un creux
Ah, quand refleuriront les roses de septembre !

Le jeune homme trouva que c'était beau en effet, et le poème lui parlait, surtout lorsqu'il disait : *c'est étonnant comme le pas des femmes résonnent au cerveau des pauvres malheureux.* Car en arrachant les mauvaises herbes, souvent il avait pensé à Claudia, et souvent il avait pensé à Clara. Et il avait eu une larme : il n'aurait pu dire qui, de l'une ou de l'autre de ces deux femmes, était la véritable cause de son chagrin, comme si ses douleurs avaient le même nom, que les deux beaux visages en allés se confondaient à la fin, dans leur absence.

Et il aurait aimé que, au lieu de se pendre, son père lui chante, *allons, tu vois je reste et je dorloterai les rêves de ta sieste…*

Et ce vers final : *Ah, quand refleuriront les roses de septembre !*

Et il se trouvait dans une roseraie !

La coïncidence lui donna des frissons, de ceux qui nous annoncent quelque mystère ou nous rappellent que la Vie a plus d'un secret dans son sac et sait nous conduire où nous devons aller.

Le géant referma le petit recueil de poésie, et, l'ayant rangé dans sa poche, il s'ouvrit ainsi :

« Ce poème me rappelle ma naine.

— Votre naine ?

— Oui, la femme que j'aime. »

Il se leva, tira de l'autre poche de celle dans laquelle il avait mis le recueil une photo d'elle. La montra au jeune homme. Qui fit un effort de gentillesse, parce que sans vouloir être méchant, une naine...

« Oui, elle est...comment dire, c'est un joli petit brin de femme... »

C'est trouvé, comme formule, pensa-t-il avec une secrète fierté.

« Merci. Je trouve moi aussi. Mon rêve de devenir grand a eu un prix. Je l'aime encore mais maintenant, évidemment, il y a comment dire, une incompatibilité entre nous.

— Mathématique. Ou en tout cas physique. Ça tombe sous le sens. »

Le géant plissa tristement les lèvres.

« J'ai tenté de la convaincre qu'elle peut faire comme moi, qu'elle aussi peut devenir grande. Je lui ai suggéré de rencontrer le millionnaire, de suivre la méthode du docteur Hong. Je lui ai même fait lire de force *Le Secret*, de Rhonda Byrne. Mais elle ne croit pas à ça, elle dit que ce sont des sornettes.

— Des serpents à sonnette ?

— Non, des sornettes. »

Décidément, le jeune homme avait en tête ce serpent dont le millionnaire lui avait annoncé la présence, à sonnette ou pas, même si semblable reptile était invraisemblable en ce climat...

« Oui, oui, évidemment… je… je suis vraiment désolé. Le millionnaire m'a dit que lorsque j'aurais accompli ma tâche, je devais vous demander de l'appeler.

— Ah ! bien sûr. »

Loin d'utiliser un moyen des contes anciens, il ne lui envoya pas une colombe avec une missive attachée à sa patte : il prit son cellulaire et lui texta de venir.

8

À peine une minute plus tard, le millionnaire arrivait, avec un sourire plein de sérénité, toujours égal à lui-même, en somme.

« Vous allez être fier de moi, s'écria le jeune homme.

— Je n'en doute pas.

— J'ai rempli les sept sacs de mauvaises herbes. Il n'en reste plus une dans la plate-bande. Ou alors elles cachent bien leur jeu ! plaisanta-t-il.

— Allons voir ça de ce pas ! »

En se rendant vers la plate-bande, ils passèrent devant l'Horloge du Temps Présent.

À son étonnement, le jeune homme constata que l'aiguille n'avait pas bougé et, selon toute apparence, semblait encore marquer midi.

« Je… je ne comprends pas, je…

— Avez-vous arraché les mauvaises herbes ?

— Je n'ai fait que ça. »

Lorsqu'ils arrivèrent, ils virent d'abord les sept sacs de lin.

Ils étaient vides !

« Hein ? Je ne comprends pas. Pourtant, ils étaient pleins lorsque je suis allé voir le gardien. »

Il courut vers la plate-bande.

Il comprit – et en même temps ne comprit pas – ce qui avait bien pu se passer.

La plate-bande était aussi pleine de mauvaises herbes que lorsqu'il s'y était vaillamment attaqué le matin !

« Je ne comprends vraiment pas ! Je vous jure que je me suis usé les genoux et brisé le dos à arracher ces foutues mauvaises herbes ! Je ne suis pas fou, quand même !

— Vous n'étiez pas fou : simplement, comme la plupart des gens, vous n'étiez pas là. Les mauvaises herbes, ce sont comme l'Hydre de Lerne.

— L'Hydre de Lerne ? »

9

« Le deuxième des Douze Travaux d'Hercule, c'était pour Hercule de tuer l'Hydre de Lerne. Un monstre qui avait forme de chien et plusieurs têtes. Dont l'une, selon la légende, était immortelle. L'ennui est que chaque fois qu'Hercule lui coupait une tête, à moins que ce ne fût sa tête immortelle, d'autres repoussaient et prenaient sa place.

— Comme les mauvaises herbes que j'ai arrachées.

— Comme les mauvaises herbes que vous avez arrachées (bravo en passant pour votre sagacité) et que de nouvelles mauvaises herbes ont aussitôt remplacées.

— Mais pourquoi ?

— Je viens de vous le dire. Comme votre père vous a dit.

Écoutez ou réécoutez *Being there* ! Vous n'étiez pas là. Vous pensiez à autre chose que de simplement arracher patiemment et amoureusement des mauvaises herbes. Il n'y a pas de sot métier. Il n'y a que des sots et surtout des gens distraits. Et la vraie définition de la distraction, c'est de ne pas vraiment aimer ce qu'on fait. Pour couper la tête immortelle de l'Hydre de Lerne, il faut être présent, il faut aimer parfaitement ce que l'on fait. Votre erreur est que vous n'étiez pas dans la roseraie même si en apparence vous y étiez.

— Je sais, je l'admets, je pensais continuellement à ce serpent dont vous m'avez parlé.

— Parce que vous pensiez qu'il était méchant.

— Euh, je... »

Speaking of the devil...

Un serpent arriva.

Le jeune homme eut un mouvement de recul.

Mais bien vite se rassura.

En fait ce serpent qui l'avait terrifié pendant trois heures n'était qu'une gentille couleuvre verte, aussi mince que le petit doigt et qui n'avait jamais fait œuvre sombre ni bien d'hécatombes.

Contre toute attente, la charmante couleuvre vint se lover contre la cheville du millionnaire.

Qui la caressa et lui dit, affectueusement :

« Tout va bien aujourd'hui, Elvis ? »

Il y a des hommes qui sont des serpents.

Et parlent.

Mais juste pour cacher leur pensée.

Surtout aux femmes qui les aiment.

Mais Elvis n'était pas un homme.

Juste une couleuvre.

Alors elle ou il (selon qu'on l'appelait Elvis ou la couleuvre verte) ne pouvait ni parler ni mentir comme un homme.

Ou une femme.

Juste se lover.

Accepter une caresse.

Et repartir d'où elle était venue.

Dieu seul savait où !

Ce qu'elle fit.

Lorsqu'elle eut disparu devant les yeux attendris du millionnaire, ce dernier dit :

« À l'avenir, soyez prudent, méfiez-vous des assomptions ! Ne craignez que les dangers réels, pas ceux que vous avez imaginés ou contre lesquels des ignorants et des gens qui n'ont jamais rien accompli vous ont prévenus !

— J'en prends bonne note.

— Pour arracher correctement les mauvaises herbes, il faut que tout votre cœur, toute votre tête soient dans votre main. Que vous deveniez votre main. Que votre main gauche ne sache pas ce que votre main droite fait. Que votre main droite ne sache pas ce que votre main gauche fait. Que vous soyez aussi appliqué que l'enfant qui fait une chose pour la première fois de sa vie, aussi appliqué qu'un vieil homme qui a fait une chose mille fois et sait qu'il l'a faite pour la dernière fois, et que c'est son testament. En un mot, comme je vous en ai déjà donné la prescription, il faut que vous soyez là. Présent. Dans l'instant. Allons manger maintenant !

— Je n'ai vraiment pas faim. Cet échec m'a laissé sur mon appétit, si j'ose dire. Corrigez-moi si je me trompe, mais il ne me reste que cinq jours bien comptés pour que l'aiguille de l'Horloge du Temps Présent fasse le tour du cadran. Est-ce que vous ne pourriez pas me confier un autre des Travaux d'Hercule de l'Esprit ?

— Non. Je ne peux vous confier qu'un travail par jour. À chaque jour suffit sa peine.

— Oh ! je vois », fit le jeune homme.

Et cette annonce semblait vraiment l'accabler.

En chemin vers la sortie de la roseraie, où le gardien relisait peut-être avec nostalgie quelque poème de Verlaine, le jeune homme se disait qu'il n'avait aucun talent pour la Vie Magique.

Qu'il avait probablement commis une erreur.

En acceptant de la choisir au lieu de choisir la Vie de Rêve.

Deux erreurs en fait.

Il avait laissé aller un million qu'il ne reverrait jamais plus.

Il avait renoncé à sa vie de vedette.

Il se retrouvait les mains vides.

Comme son père, au fond.

Mais lorsqu'il repassa devant l'Horloge du Temps Présent et que le millionnaire sourcilla, il demanda :

« Pourquoi vous arrêtez-vous ?

— Avez-vous aperçu la Toison d'or ?

— Euh, je… je ne crois pas. Pourquoi me demandez-vous ça ?

— Parce que je n'avais pas remarqué que l'aiguille de l'horloge avait avancé. D'une minute.

— Vraiment ?

— Oui, vous avez été vraiment présent pendant une minute. »

Tout de suite, le jeune homme pensa que c'était lorsqu'il avait été ébloui dans la roseraie : ainsi l'extase était la clé de l'éternité.

« Maintenant, vous avez 21 ans et une minute, proclama le millionnaire.

— Est-ce pour cette raison que Leonardo m'a dit qu'il avait six ans et 5111 jours, ou un chiffre comme ça ?

— Oui, précisément. Bien observé.

— Il est donc entré depuis longtemps dans la Vie Magique.

— Depuis 5111 jours. »

Le jeune homme ne fit ni une ni deux, et il repartit en courant vers la plate-bande où il avait échoué le deuxième des Travaux d'Hercule de l'Esprit.

« Mon ami, où allez-vous ? »

Ayant dit cela, même s'il n'avait pas eu de réponse du jeune homme, le millionnaire sourit.

10

Le jeune homme avait compris la prescription du millionnaire. Et il n'acceptait pas l'échec.

Il voulait à nouveau se relever les manches.

Que sa main gauche ne sache pas ce que sa main droite faisait.

Que sa main droite ne sache pas ce que sa main gauche faisait.

En trois heures, ne pensant plus au serpent qui n'était qu'une inoffensive couleuvre verte, il arracha à nouveau toutes les mauvaises herbes.

Et il en emplit les sept sacs de lin.

Puis il se précipita non sans une certaine anxiété pour mesurer ses progrès sur l'Horloge du Temps Présent.

11

Elle marquait deux heures et des poussières !

Il se sentit fier !

Il avait réussi.

À être présent.

La plupart du temps.

Ce qui était un immense progrès.

Car la plupart des gens passent le plus clair de leur temps, toute leur vie, à la vérité, à être absents.

À ne pas être présents.

Ce qui est le péché capital et non pas véniel, pour user d'un langage d'un autre temps.

Oui, à ne pas être présents.

Et malheureux à se demander pourquoi.

Ensuite ils meurent sans l'avoir jamais su.

Car c'était le travail le plus difficile qui fût.

Le travail de l'esprit.

Nécessaire pour qui veut être admis à l'École de la Vie Magique.

Le millionnaire aussi fut fier du jeune homme.

Et tout de suite il lui confia d'autres travaux d'Hercule.

Le suivant (qui était le troisième) était une méditation diurne.

Il consistait à contempler de l'aube au crépuscule un bloc de pierre ancien et égyptien, qui se trouvait dans la partie occidentale de la roseraie : il portait le nom d'un artisan qui avait patiemment œuvré à l'édification du monument dont il avait été extrait et que personne ne connaissait.

Le millionnaire avait disserté à son sujet :

« Cet artisan plein de talent a voulu immortaliser son nom. Il l'a gravé dans la pierre, la croyant éternelle, comme sa mémoire. Il avait des rêves, des soucis, des amours, des ennuis. Et pourtant, qui se préoccupe de lui aujourd'hui ? Vous inspirant de son exemple ou plutôt apprenant de son erreur, touchante et humaine, trop humaine, il est vrai, ne vous souciez pas trop de ce que les gens pensent de vous. De toute manière, en général, ce n'est guère positif. Ce n'est hélas qu'un reflet de ce qu'ils pensent d'eux-mêmes. Soyez original, n'en faites qu'à votre tête ! Croyez en votre rêve ! Croyez en vous ! Mais en même temps, ne vous prenez pas au sérieux ! Une fois par jour, une fois par mois à tout le moins, et en tout cas chaque fois que vous vous inquiétez au sujet de votre avenir, pensez au nom de cet artisan ancien et égyptien ! Pensez qu'il n'est rien pour vous ! Rien, trois fois rien. Rien : comme vous ne serez rien pour ceux qui viendront après vous. Et même au fond vous l'êtes déjà pour ceux autour de vous : car chacun est enfermé dans la coquille de son égoïsme, sauf les sages et les vraies mères, êtres d'exception qui bien souvent prennent le relais de Dieu trop occupé à d'autres tâches, et font passer le bien de leurs disciples, de leurs enfants avant le leur. Que cette pensée, au lieu de vous accabler, vous libère ! Qu'elle donne des ailes à votre ambition ! Soyez vous-même ! Aujourd'hui et pour les siècles à venir. »

Le quatrième des Travaux (qui était une sorte de complément du précédent) était nocturne.

Le jeune homme, assis sur le banc du prince, devait contempler l'étoile Polaire, la plus brillante étoile de la constellation de la Petite Ourse.

Et, pensant à l'infinité de l'univers et à la taille ridiculement petite de la planète Terre, se dire que rien n'était vraiment important sinon que d'être heureux et de vivre sa vie.

Sans souci.

Car même ses problèmes les plus grands étaient infiniment petits.

En comparaison de la Petite Ourse.

Qui était infiniment petite en comparaison de notre galaxie dont elle faisait partie.

Qui était infiniment petite en comparaison de l'Univers infini dont elle faisait partie.

Le jeune homme, véritable philosophe malgré lui à force d'avoir été jeté, comme un vieux soulier usé (pourtant, il n'était qu'un enfant, un adolescent !) d'une fausse famille à une autre, eut quelque succès avec ces Travaux d'Hercule de l'Esprit.

Il y aurait beaucoup à dire au sujet de la mystérieuse transformation intérieure qu'ils procurent, mais le temps nous manque, hélas ! Qu'il suffise pour le moment de dire, pour la description de cette odyssée peu commune à laquelle pourtant on aboutit tous un jour ou l'autre, qu'à la fin du quatrième jour, l'Horlorge du Temps Présent marquait six heures, donc était rendue à mi-chemin.

Progrès dignes de mention certes.

Mais il ne restait plus au jeune homme que trois jours pour faire le tour du cadran, sinon il faudrait repartir à zéro, perspective infiniment déprimante, s'il en était une.

12

Le millionnaire fit un long préambule à la révélation du Travail d'Hercule suivant.

Il récita ces vers d'un poème célèbre, *If*, de Kipling, traduit (librement) par André Maurois :

« Si tu peux voir détruit l'ouvrage de ta vie
Et sans dire un seul mot te mettre à rebâtir,
Ou perdre en un seul coup le gain de cent parties
Sans un geste et sans un soupir… »

Le jeune éprouva une émotion intense.

Ce poème fameux, qu'il reconnaissait sans peine, son père comédien, à la mémoire aussi fiable que la sienne, le lui avait récité au téléphone, la veille ou l'avant-veille de sa mort.

Comme pour le prier sans le lui dire de faire ce qu'il ne lui disait pas qu'il avait fait.

Ou ferait.

Ce geste fatal de prendre congé de la vie.

Le millionnaire poursuivait sa surprenante récitation :

« Si tu peux être amant sans être fou d'amour,
Si tu peux être fort sans cesser d'être tendre,
Et, te sentant haï, sans haïr à ton tour,
Pourtant lutter et te défendre… »

Le jeune homme bien entendu pensa à Claudia et à Clara.

Le millionnaire disait :

« Si tu peux supporter d'entendre tes paroles
Travesties par des gueux pour exciter des sots,
Et d'entendre mentir sur toi leurs bouches folles
Sans mentir toi-même d'un mot;

« Si tu peux rester digne en étant populaire,
Si tu peux rester peuple en conseillant les rois,
Et si tu peux aimer tous tes amis en frères,
Sans qu'aucun d'eux soit tout pour toi;

« Si tu sais méditer, observer et connaître,
Sans jamais devenir sceptique ou destructeur,
Rêver, mais sans laisser ton rêve être ton maître,
Penser sans n'être qu'un penseur;

« Si tu peux être dur sans jamais être en rage,
Si tu peux être brave et jamais imprudent,
Si tu sais être bon, si tu sais être sage,
Sans être moral ni pédant;

« Si tu peux rencontrer Triomphe après Défaite
Et recevoir ces deux menteurs d'un même front,
Si tu peux conserver ton courage et ta tête
Quand tous les autres les perdront;

« Alors les Rois, les Dieux, la Chance et la Victoire
Seront à tout jamais tes esclaves soumis,
Et, ce qui vaut mieux que les Rois et la Gloire
Tu seras un homme, mon fils. »

Tu seras un homme, mon fils…

Pourquoi le père du jeune homme lui avait-il dit ça avant de s'enlever la vie ?

N'y avait-il pas là insupportable ironie ?

« Pourquoi me récitez-vous ce poème si connu, si… je puis me permettre de vous poser la question ?

— Parce qu'il me fait penser aux *Vers d'Or* de Pythagore. »

Il les récita alors, mais selon les caprices de sa mémoire :

« Entre les hommes, fais ton ami de celui qui excelle en vertu. Cède toujours aux paroles de douceur et aux activités salutaires. N'en viens jamais, pour une faute légère, à haïr ton ami. Domine la gourmandise d'abord, le sommeil, la luxure et l'emportement. Ne commets jamais aucune action dont tu puisses avoir honte. Et, plus que tout, respecte-toi toi-même ! Pratique la justice en actes et en paroles. Ne t'accoutume point à te comporter dans la moindre des choses sans réfléchir. Surtout, souviens-toi que tous les hommes sont destinés à mourir et parviens à savoir tant acquérir que perdre les biens de la fortune. À l'égard de tous les maux qu'ont à subir les hommes de par le fait des arrêts augustes du Destin, accepte-le comme le sort que tu as mérité ! Supporte-les avec douceur et ne t'en fâche point ! Si tu fais toutes ces choses, et apprends la science secrète de bien respirer, plus rien ne te sera caché, tu sauras d'abord que les hommes choisissent eux-mêmes et librement leurs maux, que s'ils sont misérables, c'est qu'ils ne savent ni voir ni entendre les biens qui sont près d'eux. Peu nombreux, à la vérité, sont ceux qui ont appris à se libérer de leurs maux. Car tel est le sort qui trouble les esprits des mortels. Comme des cylindres, ils roulent çà et là, accablés de maux infinis. Mais toi, prends courage, puisque tu sais que la race des hommes est divine, et que la nature sacrée leur révèle ouvertement toutes choses. Ayant guéri ton âme, tu la délivreras de ces maux. En prenant pour cocher l'excellente Intelligence d'en haut, tu seras un dieu immortel, incorruptible, et à jamais affranchi de la mort : tu verras la Toison d'or.

— Pourquoi me récitez-vous les *Vers d'Or* de Pythagore, sauf évidemment pour la mention finale de la Toison d'or ?

— Parce qu'avant d'aller en Égypte, où il fut initié par des grands maîtres, Pythagore n'était qu'un homme ordinaire. Puis il devint un homme extraordinaire, le grand Pythagore. Et il révéla la raison secrète de son étonnante transformation intérieure : “J'ai appris à respirer.”

— Apprendre à respirer ? Tout simplement ?

— Oui. C'est votre prochain Travail d'Hercule de l'Esprit.

— Mais je respire déjà ! Sinon je serais mort, non ?

— C'est ce que vous croyez. Comme la plupart des gens. Et c'est pour ça que votre esprit, comme celui de la plupart des gens, est agité. Et c'est pour ça que vous ne pouvez pas voir la Toison d'or. Car à la vérité vous êtes mort.

— Alors enseignez-moi le secret de Pythagore, pour que je puisse enfin voir la Toison d'or et ne plus être mort ! Car si je comprends bien, il ne me reste plus beaucoup de temps.

— Non, plus beaucoup de temps. Juste six heures. Six heures plus l'éternité. »

Six heures plus l'éternité ! Le millionnaire avait de ces formules ! se dit le jeune homme.

« C'est simple, poursuivit le vieux sage, asseyez-vous sur le banc du prince, ou même, admirant les roses, ou arrachant des mauvaises herbes, dans tout ce que vous faites, quand vous conduisez votre auto ou lavez la vaisselle, au lieu d'écouter la télé ou de prendre vos courriels, qui vous éloignent de votre Ciel, concentrez-vous sur votre respiration ! Si vous pouvez, si vous voulez vraiment exceller, faites des pas de géant vers ce que vous êtes vraiment, *devenez* votre respiration ! Ne soyez plus qu'un être qui respire ! Et pour vous aider à passer sur l'autre rive, où vous pourrez enfin voir la Toison d'or, montez sur la barque précieuse de Hamsa.

— Hamsa ?

— Oui, Hamsa, le mantra le plus ancien, celui, naturel, de la respiration.

— J'avoue que je ne le connais pas.

— Lorsque vous inspirez, dites “Ham”, lorsque vous expirez, dites “Sa”. C’est aussi simple que ça. »

Aussi simple que ça !

Sauf que lorsque vint le temps de souper, et que le jeune homme, qui avait l’estomac dans les talons, se précipita vers l’Horloge du Temps Présent pour mesurer ses progrès, qu’il croyait formidables, son aiguille unique n’avait avancé que d’une heure et marquait sept heures.

La désolante constatation lui coupa tout à fait l’appétit.

Littéralement effondré sur le banc du prince, il se sentit comme le plus minable, le plus petit, le plus malheureux des hommes.

Il se leva, marcha au hasard dans le jardin.

Mais chacun sait qu’il n’y a jamais de hasards, juste des rendez-vous avec notre destin.

Comme preuve de cette ancienne vérité, il arriva bientôt devant le banc de la petite couturière de Dieu. Lut son nom sur la plaque de bronze.

Et aussitôt, dans son cœur, l’espoir luit comme un brin de paille dans l’étable. En effet il pensa à ce que le millionnaire lui avait dit le premier jour, dans cette mystérieuse roseraie.

Que s’il avait vraiment besoin d’aide, il en recevrait.

Du Ciel.

Ou de la petite couturière de Dieu, son adjuvante.

Mais répondrait-elle à son appel ?

13

« Comment puis-je vous aider ?

— Mais qui êtes-vous ?

— Je suis la petite couturière de Dieu. Ne m'avez-vous pas appelée ? »

Elle portait bien son nom, assurément.

Non seulement était-elle petite, mais elle avait l'air d'une enfant. De six ou sept ans. Un peu comme si elle avait été la sœur de Leonardo.

Elle n'avait pas comme lui les cheveux blonds, mais noirs comme du jais, les mêmes yeux cependant, d'un bleu intense et troublant.

Et elle transportait une petite mallette identique à la sienne, comme si elle appartenait à la même compagnie ou à la même confrérie.

Elle avait des rubans blancs dans les cheveux, une robe bleue, et des escarpins dorés. Elle portait aussi, comme le millionnaire et comme Leonardo une épinglette avec une rose.

« Euh oui, mais je… je ne m'attendais pas à ce que… balbutia le jeune homme.

— Comment puis-je vous être utile ? se contenta-t-elle de demander à nouveau, pragmatique en sa philosophie de vie, comme on devrait tous l'être, sans doute.

— Je… je dois accomplir les Travaux d'Hercule de l'Esprit. Je ne sais pas si vous savez de quoi il s'agit.

— Mais oui, évidemment, toute personne admise dans la roseraie du millionnaire sait de quoi il s'agit. Quel est le problème ?

— Un problème de temps.

— Tous les gens manquent de temps, non, même s'ils n'ont rien de vraiment important à faire ?

— J'abonde dans votre sens. »

Le jeune homme trouva qu'elle parlait avec beaucoup de maturité pour une fillette, couturière de Dieu ou pas, et osa lui demander :

« Mais... vous avez quel âge, dites-moi ?

— Six ans et 10 113 jours.

Six ans et 10 113 jours !

Elle donnait son âge comme Leonardo, ce qui veut dire qu'elle avait grosso modo 35 ans... et donc la maturité d'une jeune femme de cet âge, forcément. Étonnant, vu son apparence. *Une autre qui doit avoir suivi la méthode du docteur Hong*, pensa le jeune homme ! Mais il préféra ne pas la questionner à ce sujet, vu que, comme il venait de lui en faire la confidence, il manquait de temps.

« Je croyais être doué dans l'art d'être présent, dans celui d'arracher les mauvaises herbes, de respirer en répétant le mantra Hamsa, mais visiblement, ce n'est pas le cas, et là il ne me reste plus que quelques jours et je crains d'échouer... »

La petite couturière de Dieu réfléchit un instant, puis dit :

« Venez avec moi ! »

Il la suivit docilement. Il y avait dans sa voix, même si elle était fraîche et enfantine et musicale, une sorte d'autorité que souvent la sagesse confère.

Elle ne l'entraîna pas bien loin, juste devant son banc, face à la psyché.

« Placez-vous devant ce miroir !

— Euh oui... »

Il ne raffolait pas de se regarder dans une glace, malgré sa beauté : comme bien des gens, il devait être complexé.

Mais ce qu'il aperçut alors était bien différent de ce qu'il voyait habituellement.

14

C'était lui, et ce n'était pas lui !

Il portait en effet un manteau, sorte de manteau de lumière, ou éthéré, si vous voulez, alors que dans la vraie vie il avait toujours son uniforme de chasseur du Ritz !

Le jeune homme pensa, *ce doit être le manteau de mon âme, comme le millionnaire m'en a parlé*.

Le manteau était passablement déchiré à de nombreux endroits, et surtout autour du cœur.

Après avoir observé attentivement le miroir, la petite couturière de Dieu dit :

« Comme vous voyez, il y a plusieurs petites déchirures dans le manteau de votre âme, certaines remontent à votre enfance, et il y en a aussi une plus grande, qui remonte à cinq ou six ans… Est-ce que ça vous dit quelque chose ? »

Oui, ça lui disait quelque chose.

Les petites blessures, c'était toutes les fausses familles de son enfance, et, la plus grande, c'était la mort de son père, évidemment…

« Oui, se contenta-t-il de dire.

— Il y a quelques jours aussi, vous avez eu une grande déception, je vois une femme avec des cheveux bruns, et à la place d'un collier elle porte un stéthoscope…

C'était Claudia, qui le quittait pour un médecin !

Le jeune homme allait d'un étonnement à un autre : la petite couturière de Dieu lisait dans le manteau de son âme comme dans un livre ouvert.

« Je vois également une petite déception, c'est une femme blonde qui porte un diadème… »

Évidemment, elle avait vu la princesse Visconti !

« Je vois aussi qu'il y a eu un saut dans votre karma.

— Un saut ?

— Oui, avez-vous par hasard bu une Fiole des Mérites ?

— Euh oui… un cadeau du millionnaire.

— Ça ne m'étonne pas de lui. Et c'est pour ça que vous êtes ici dans ce jardin, au lieu de perdre votre temps dans le monde.

— Euh, si on veut… »

Elle regarda alors le miroir avec une attention redoublée, comme si elle cherchait ce qu'elle devait faire, et elle laissa enfin tomber avec une voix fort confiante :

« Nous allons réparer tout ça !

— Hein ? »

Elle prit alors, dans sa petite mallette ailée, une grande aiguille d'or et un rouleau de fil argenté.

Elle déroula assez long de fil, le coupa avec ses dents, et enfila l'aiguille avec une facilité étonnante.

Le jeune homme constata alors que la réparation, ce n'était pas sur le manteau de son âme, dans le miroir, qu'elle entendait la faire, mais sur lui, et l'aiguille, qui devait avoir 7 ou 8 centimètres de long, lui parut effrayante.

Aussi eut-il un naturel mouvement de recul.

« Vous n'allez pas…

— N'ayez aucune crainte… ça ne fait pas du tout mal… même que ça va vous faire le plus grand bien. »

Elle semblait savoir ce qu'elle faisait. Elle semblait en fait savoir bien des choses, comme ses blessures anciennes et nouvelles, ainsi que leur origine, et aussi qu'il avait bu la Fiole des Mérites.

Comme il était bien plus grand qu'elle, elle lui demanda de se mettre à genoux. Après une hésitation, il accepta. Sa redoutable aiguille d'or en main, la petite couturière se mit alors à recoudre son manteau, au niveau du cœur, mais sans le toucher, lui. Elle travaillait dans l'invisible, si j'ose dire.

Bizarrement, sans qu'il pût dire au juste où il allait, le fil argenté diminuait. Quand il eut tout à fait disparu, la petite couturière dit :

« Voilà ! »

Et contre toute attente, le jeune homme ne s'était jamais senti aussi bien, il respirait mieux, il se sentait plus léger, son cœur battait lentement, régulièrement, ce qui était étonnant chez lui, car il souffrait depuis longtemps d'arythmie.

« Mais vous faites de la véritable magie ! s'exclama le jeune homme.

— Vous aussi vous pouvez en faire.

— Hein ?

— Et vous n'avez pas besoin d'une aiguille d'or et de fil d'argent. Vous pouvez guérir les gens des maux de leur âme et même les maux de leur corps, qui sont aussi inséparables que les deux faces d'une même pièce à la vérité. Faites comme moi, simplement.

— Comme vous ?

— Dans les êtres, je ne vois pas la maladie, je ne vois que la perfection, je ne vois que l'amour. L'amour est guérison, c'est le plus grand remède. »

Le jeune homme trouva jolie la formule, et touchante la petite couturière de Dieu dans sa bonté : elle transpirait dans chaque mot de cette étonnante confidence, même si, pour lui, l'amour, jusqu'à présent, ça avait surtout été source de chagrins, de soucis, en somme une sorte de maladie.

Il vint pour se relever, mais elle dit :

« Attendez ! »

Il attendit.

La fillette, qui pourtant avait ou prétendait avoir 35 ans – il ne saurait probablement jamais – remit l'aiguille et le rouleau de fil dans sa mallette et en tira un curieux petit objet, une sorte de calice doré dont les deux poignées étaient des ailes.

« Je vais vous mettre ce petit vaisseau dans le cœur.

— Euh, mais pourquoi ?

— Il vous sera utile. Un jour qui est prochain.

— Vous ne pouvez pas m'en dire plus ?

— Je ne peux pas vous en dire plus.

— Vous pourriez être romancière.

— Il y en a presque autant qu'il y a de lecteurs à notre époque. Alors je me contente d'être couturière. »

Même si elle ne semblait pas vieillir, elle était de son temps, ou en tout cas en connaissait les splendeurs et les misères. Et les ridicules, aussi.

Le jeune homme la laissa s'affairer sur son cœur.

Sans vraiment comprendre comment, il vit le vaisseau d'or bientôt disparaître des mains de la petite couturière de Dieu comme de celles d'un prestidigitateur.

« Mais… où est donc passée la coupe d'or ? »

Au lieu de lui répondre, elle lui tendit galamment la main pour l'aider à se relever. Et le tenant toujours par la main, comme une fillette ferait avec son père, elle l'emmena jusque devant la psyché.

Comme un tailleur fait avec son client.

Pour qu'il puisse voir le résultat de son travail.

Le jeune homme put voir, dans le manteau de son âme, où était passé le petit vaisseau d'or.

Il était effectivement dans son cœur.

Et étaient également visibles, sur le manteau encore déchiré il n'y avait guère, les habiles et mystérieuses réparations de la petite couturière.

Car on voyait les traces du fil d'argent !

15

« Les plus grands sages de tous les temps ont dit que la meilleure manière d'atteindre l'illumination ou si on veut de voir la Toison d'or, est simplement de répéter le nom de Dieu.

— Étonnant et simple : répéter le nom de Dieu.

— Alors, allez vous asseoir sur le banc du prince, ne faites rien, rien que d'être, ou contentez-vous de respirer, ou de vous enivrer du parfum des roses, ou arrachez des mauvaises herbes, observez le mouvement des nuages dans le ciel, le vent dans les feuilles des arbres, la pierre avec le nom de l'artisan ancien et égyptien, mais à chaque instant, gardez à l'esprit que votre tâche principale est et demeure de répéter : “Apaise-toi, et sache que je suis Dieu.”

— Apaise-toi et sache que je suis Dieu. Noté.

— Votre jeune esprit souvent sera distrait, il pensera à d'autres choses, comme un cheval fougueux et indiscipliné qui voudrait constamment s'éloigner du chemin que vous lui avez pourtant tracé. Ce n'est pas grave. C'est vous le maître, c'est vous le cavalier. Ramenez patiemment votre monture indocile, ramenez votre esprit encore instable vers le chemin que vous lui avez tracé ! À la fin, peut-être verrez-vous la Toison d'or. C'est votre sixième journée. Faites preuve de vigilance ! Je vous souhaite bonne chance. »

Le cœur réparé par les mystérieux bons soins de la petite couturière de Dieu, le jeune homme se sentait en feu.

Aussi, à la fin de la journée, lorsque le soleil était sur le point de se coucher, il avait la certitude qu'il avait réussi, qu'il avait enfin fait le tour du cadran.

Tâche que, heureusement, il avait tôt fait d'oublier, perdu de longs moments dans la véritable contemplation.

Il se précipita vers l'Horloge du Temps Présent.

Son aiguille unique s'était arrêtée à 23 heures !

Mais il lui restait encore un peu plus de trois heures.

Comme la nuit était venue, il refit celui des Travaux d'Hercule de l'Esprit qui consistait à contempler l'étoile Polaire.

En même temps, il fixait son esprit sur son souffle, et il répétait : « Apaise-toi et sache que je suis Dieu. »

Il le fit avec le plus de vaillance, avec le plus de sincérité, le plus d'application qu'il put.

Finalement, il s'endormit sur le banc du prince.

Lorsque, à l'aube, le lendemain matin, il s'éveilla aidé, il est vrai, par le chant des nombreux oiseaux qui visitaient constamment le jardin, car les roses étaient leurs amies, son premier souci fut évidemment de courir vers l'Horloge du Temps Présent pour voir s'il avait enfin accompli sa mission.

Son aiguille unique n'avait pas bougé – à croire qu'elle ne fonctionnait plus, qu'elle était brisée ou je ne sais trop quoi –, et elle marquait toujours obstinément 23 heures !

« Je ne comprends pas, s'empressa d'aller dire le jeune homme au millionnaire.

— Hum, ça arrive souvent... hélas.

— Que l'aiguille bloque à la dernière heure ?

— Ce n'est pas l'aiguille qui bloque, c'est l'élève.

— Mais alors, que dois-je faire, dites-moi ? Il ne me reste même pas une journée complète…

— Je sais. Mais j'ai une bonne et une mauvaise nouvelle.

— Commencez par la bonne.

— Il me reste un dernier exercice.

— Et la mauvaise nouvelle ?

— C'est le plus difficile des Douze Travaux d'Hercule de l'Esprit. Et peu de gens le réussissent. »

16

Depuis le premier instant, le jeune homme vouait une confiance aveugle au millionnaire.

Mais là, de se faire attacher par le gardien du jardin au banc du prince, ça soulevait en son esprit une certaine angoisse.

« Vous êtes bien certain que c'est la chose que je dois faire ? Et d'ailleurs, que dois-je faire au juste ?

— Attendre.

— Oui, je n'aurai pas le choix, ligoté comme ça. »

Et déjà il ne pouvait plus bouger sa main gauche ni sa main droite, et le gardien s'affairait maintenant à attacher ses pieds avec une grosse corde de chanvre dont, de toute évidence, jamais il ne pourrait se libérer : Polyphème savait y faire !

« Attendre ? Juste attendre ? Je n'ai rien d'autre à faire ?

— Oui, deux choses. Si un danger se présente – mais il ne se présente pas toujours – ne laissez pas la peur entrer en vous.

Car la peur est la haine. Ne voyez que le Bien, ne voyez que l'Amour ! Ainsi le Mal ne pourra pas vous atteindre.

— Et quelle est la deuxième chose ?

— Faites preuve de discernement !

— De discernement ? Mais quand dois-je savoir si le Mal est le Mal, et s'il m'atteindra ou pas ? Vous ne pouvez pas m'éclairer davantage ?

— Non. Ça fait justement partie de l'épreuve, que vous ne puissiez être éclairé davantage. »

Et ayant dit cela, il ne crut pas bon de rester plus longtemps auprès du jeune homme : il tourna les talons et s'éloigna de son pas calme et philosophique.

Le jeune homme voulut lever la main droite pour le rappeler : mais sa main droite comme sa main gauche, était ligotée au banc du prince.

De fines gouttes de sueur perlèrent à son front.

Il commençait à être nerveux.

« J'aurais aimé lui poser quelques questions… dit le jeune homme au gardien, et il semblait vraiment dépité.

— Peut-être a-t-il cru que vous saviez déjà tout ce que vous deviez savoir au sujet de ce travail. Il y a tant de choses qu'il sait et ne dit pas, alors qu'il y a tant de gens qui parlent constamment et ne savent rien.

— Je… je ne suis pas sûr de vous suivre. »

Le gardien eut une hésitation puis enfin il dit :

« La semaine dernière, un visiteur inconnu est venu au jardin. D'ailleurs, maintenant que je vous connais, je me rends compte qu'il aurait pu être votre père.

— Mon père ?

— Oui, il vous ressemblait. Il était très beau, il avait les cheveux blonds et les yeux bleus comme vous. Sa poitrine était ornée d'un immense collier de pierres précieuses, et il le portait bien, je veux dire pour un homme : on aurait dit un roi des temps anciens. Il a dit : je suis un citoyen de l'Univers, mon nom est Hilarion, je vais partout où mes disciples m'appellent et où Dieu m'envoie. Dans trois jours un jeune homme viendra ici, il portera un habit de chasseur, mais n'aura jamais tué un animal de sa vie, car il est de la rare race des Doux. Lisez-lui ce qui suit ! Et souhaitez-lui bon courage pour affronter les Quatre Chiens Sauvages de la Vie, car l'homme est un loup pour l'Homme. Il m'a ensuite remis quelques pages d'un vieux manuscrit jauni, et il est reparti.

— Ah ! c'est mystérieux. Avez-vous ces pages ?

— Non, après les avoir lues trois fois, je les ai posées près de moi, pour m'essuyer les yeux, car je pleurais tant c'était beau et vrai. Une pie est venue, les a prises dans son bec, et s'est envolée avec sans que j'aie le temps de rien faire.

— Ah ! ne me dites pas ça ! Vous me tuez, vous veniez de me donner quelque espoir.

— Mais non, ne vous en faites pas, ces pages, je les ai !

— Mais puisque vous venez de me dire que cet oiseau de malheur est parti avec !

— Non, je veux dire que je les ai ici. »

Il touchait avec amusement sa tempe droite.

« J'ai une mémoire de géant, oups ! je veux dire d'éléphant. »

Soulagé, le jeune homme souriait.

Une pause, et le gardien ajouta tristement :

« C'est pour ça que c'est si difficile d'oublier ma naine, je me souviens de chaque instant avec elle, et ça nourrit ma peine.

— Oh, je… je suis vraiment désolé. »

Il était surtout impatient de savoir quel message ce mystérieux visiteur avait laissé pour lui, et que cette stupide pie avait emporté probablement dans son nid, mais sa compassion naturelle interdisait toute brusquerie.

« Mais je ne vais pas vous embêter plus longtemps avec mes petits problèmes, même si ce sont ceux d'un géant, voici le message que l'homme qui aurait pu être votre père m'a laissé pour vous. »

Il se concentra, faisant comme on fait spontanément, en tournant les yeux vers le haut, entre les sourcils (vestiges d'une époque méditative), et alors pendant une fraction de seconde, le jeune homme eut l'impression, comme il avait eu une fois précédente, que Polyphème n'avait qu'un œil géant au milieu du front.

Mais tout de suite ses deux yeux lui revinrent, si j'ose dire, et le géant récita, de belle et émouvante manière :

« Le piège que tu tends à un étranger, à un ami, à un frère, même si tu le crois secret, tu y tomberas toi-même, un jour ou l'autre et parfois longtemps après ton méfait, si bien que tu crieras à l'injustice.

« La pierre que tu auras enlevée du sentier de l'aveugle écrasera le serpent qui t'y attendra plus loin, sur le chemin, si longtemps après que tu croiras à la chance. C'est toi qui viens à ton propre secours, par la noblesse désintéressée de tes actions passées qui ont créé autour de toi le Bouclier de l'Amour.

« Il en sera de même pour l'abri que tu auras offert avec charité vraie au voyageur en difficulté : il te protégera quand le vent de la tempête se lèvera dans ta vie.

« Le collier que tu voles dans le tiroir d'autrui, on te le volera plus tard et à nouveau tu crieras à l'injustice.

« Le pain, blond et bon dont tu auras nourri un parfait inconnu, un mendiant ou un enfant dans la rue, te nourrira longtemps et même nourrira tes enfants et les enfants de tes enfants, n'oublie jamais le pouvoir de la charité vraie.

« Les lacets que tu attacheras pour le boiteux et l'infirme lieront les mains de tes ennemis et les empêcheront de te nuire et de nuire à tes proches. Voilà bien utile bouclier : que celui qui a des oreilles entende ! »

Et sur ces mots, le gardien tourna les talons et abandonna le jeune homme à son sort.

Ce dernier se répéta… *les lacets que tu attacheras pour le boiteux et l'infirme lieront les mains de tes ennemis et les empêcheront de te nuire et de nuire à tes proches. Voilà bien utile bouclier.*

Mais dans son cas, le bouclier n'était guère utile. Ce n'étaient pas les mains de ses ennemis (qu'il ne connaissait pas encore, si du moins ils existaient) qui étaient liées… mais les siennes !

C'était bien ironique, donc.

Au début, la chose parut sans conséquence, il ne fit qu'attendre, attendre et attendre…

The Waiting Game, se dit-il en pensant au film célèbre.

A boring game…

Un jeu ennuyeux.

Au demeurant, il se demandait comment ce jeu allait lui permettre de faire enfin avancer l'Horloge de la dernière heure manquante, qui lui permettrait enfin de voir la fameuse Toison d'or.

En plus, le soleil du matin devenait de plus en plus accablant, le jeune homme suait à grosses gouttes.

Il aurait aimé détacher les boutons de sa veste de chasseur, mais impossible évidemment !

Il tenta de se dégager de ses liens.

Rien à faire.

Alors, venus du fond du jardin, il entendit des aboiements.

De chien.

Mais si nombreux qu'ils ne pouvaient provenir d'un seul et même chien.

Il ne lui fallut pas longtemps pour constater qu'il avait bien raisonné.

Son visage se décomposa en une expression de terreur.

17

Trois chiens qui paraissaient enragés, et qui étaient grands comme des danois et semblaient aussi féroces que des rottweilers, s'avancèrent vers lui, de toute évidence prêts à lui faire un mauvais parti.

Comme les trois mousquetaires, qui étaient quatre, on aurait dit les Quatre cavaliers de l'Apocalypse même s'ils étaient seulement trois, car l'un était blanc, l'autre rouge, et le troisième blême.

Ne manquait que le noir pour que la comparaison fût parfaite.

D'abord le jeune homme trembla.

Car les chiens semblaient malins.

Et il y avait du feu dans leurs yeux.

Ceux du chien blanc étaient rouges, comme tout injectés de sang, ou de rage.

Et les trois avaient à la gueule de la bave.

Je suis un homme mort, pensa le jeune homme, *je ne peux me défendre, dans une minute ces bêtes m'auront déchiqueté et dévoré.*

Et comme malgré lui il pensa, *c'est curieux ce qui se passe : le dernier des Douze Travaux d'Hercule était de capturer vivant Cerbère, l'horrible chien à trois têtes qui gardait l'Hadès, qui est l'enfer. Et voilà que le millionnaire me confie comme dernière épreuve d'affronter non pas un chien à trois têtes, mais trois chiens déchaînés. Que je ne saurais certainement pas capturer, vivants ou pas, car c'est moi qui suis déjà captif, attaché à cet ironique banc du prince comme un commode morceau de viande. Tout était-il donc écrit ? Le millionnaire avait-il planifié chaque détail ?*

Mais ces pensées, mythologiques ou philosophiques, qui avaient défilé dans sa tête à une vitesse phénoménale, ne l'aideraient certainement pas à sauver sa peau.

Il appela à l'aide Polyphème qui ne l'entendit pas, la pensée tout occupée par sa naine : l'amour rend sourd.

Puis le jeune homme se rappela les instructions récentes du millionnaire.

« *Si un danger se présente – mais il ne se présente pas toujours –, ne laissez pas la peur entrer en vous. Car la peur est la haine. Ne voyez que le Bien, ne voyez que l'Amour ! Ainsi le Mal ne pourra vous atteindre.* »

Il se rappela aussi qu'il devait dominer son esprit agité.

Il respira profondément.

Et une idée lui vint : il se mit à se répéter, en une application inattendue de cette petite et grande prière de l'âme, mais cette fois-ci à voix haute, contrairement à la fois précédente : *Apaise-toi et sache que je suis Dieu* !

De même que, dit-on, la vue du crucifix éloigne les vampires, comme celle de la lumière du jour, le nom de Dieu sembla refroidir les féroces ardeurs des trois chiens.

En plus, le jeune homme leur souriait.

Ce qui parut les désarmer encore davantage.

Pourtant, ils le reniflèrent tour à tour.

Et leur bave tombait sur son visage.

Le chien rouge lui lécha même le cou, comme s'il voulait l'humecter avant d'y planter ses terribles crocs.

Inflexible, David répétait : *Apaise-toi et sache que je suis Dieu !*

Contre toute attente, les chiens reculèrent enfin et s'assirent face à lui.

Ils semblaient attendre.

Qu'il perde le surprenant empire qu'il avait sur lui-même.

Pour pouvoir l'attaquer enfin, car son calme était un véritable bouclier apparemment impossible à vaincre.

Le jeune homme pensa : *ça marche* !

Il en était le premier étonné, et bien entendu enchanté.

Mais alors, il ouvrit la bouche avec étonnement.

Car il aperçut soudain, au fond de la roseraie, et qui marchait en sa direction, un sourire amical aux lèvres, la dernière personne qu'il s'attendait de voir.

18

C'était Leonardo, avec sa petite mallette ailée, le costume élégant et les espadrilles qu'il portait invariablement depuis qu'il le connaissait !

Les trois horribles chiens ne parurent pas l'impressionner. Même, ce fut lui qui leur inspira une certaine défiance, car ils reculèrent et ne se rassirent pas, faisant pour ainsi dire nerveusement les cent pas, attendant on ne savait quoi. Et on les entendait qui grognaient, comme frustrés.

«Oh! mon pauvre ami, fit le gamin, vous devez être mort de peur.

— Non, mais si j'avais eu peur, je crois que je serais mort...»

Il y avait là une profonde vérité, mais Leonardo ne parut pas la comprendre: il faut dire qu'il ne disposait pas de tous les détails de cette mystérieuse épreuve que vivait le jeune homme.

«Mais qui vous a attaché au banc du prince?

— Le gardien du jardin.

— Mais de quel droit?

— C'est le millionnaire qui le lui a demandé.

— Ça ne m'étonne pas.»

Ça n'étonnait peut-être pas Leonardo.

Mais ça étonnait le jeune homme qu'il tînt pareils propos. Aussi, il y avait une sorte de sarcasme dans sa voix, presque de la haine.

«Pourquoi dites-vous ça? s'enquit le jeune homme.

— Parce que le millionnaire ne veut pas que vous réussissiez.

— Mais, je... je ne comprends pas.

— Il est jaloux de vous, comme de tous ceux qui sont plus brillants que lui.

— Jaloux de moi? Mais il m'a donné un million!

— Vous a-t-il permis de le garder?

— Mais comment savez-vous ça?

— Pensez-vous que vous êtes le premier à qui il joue ce mauvais tour?»

Voilà qui était un argument quelque peu désarmant.

Le jeune homme n'en revenait pas.

Il croyait rêver.

Ou plutôt faire un cauchemar.

Le millionnaire lui semblait être un homme si bon, un philosophe si accompli.

Comment pouvait-il l'avoir ainsi trahi ?

Le jeune homme était abasourdi.

Le gamin se mit à défaire les nœuds qui le retenaient au banc du prince.

Même s'ils avaient été faits avec les grosses mains du géant, et que lui n'avait que de petites mains, il savait y faire, et en moins de deux, le jeune homme était libre comme l'air.

« Merci, fit-il, merci beaucoup. »

Leonardo sourit.

Mais on aurait dit qu'il y avait un peu de malice dans ce sourire.

Le jeune homme regarda les trois chiens.

Qui eux aussi le regardaient tout en continuant à faire les cent pas.

Au moins, maintenant, il se sentait moins impuissant.

Si les féroces canidés l'attaquaient, il pourrait tenter de se défendre ou de prendre ses jambes à son cou, se repliant commodément sur l'éloge de la fuite.

« Le millionnaire a ri de vous, il vous a empêché de vivre la Vie de Rêve.

— Mais...

— Si vous voulez, je peux vous aider à la vivre. Et cette fois-ci pour de bon, pas pour une seule journée. »

Il tira alors de sa mallette une petite bouteille quasi identique à la Fiole des Mérites que le jeune homme avait déjà vue et bue.

« Buvez cette fiole, la véritable Fiole des Mérites, et vous serez célèbre dans le monde entier, toutes les femmes seront à vos pieds, vous aurez fortune et gloire.

— Mais je… j'ai déjà connu cette vie, et finalement elle ne m'a pas rendu heureux, aussi j'ai choisi de tenter de vivre la Vie Magique.

— Le millionnaire est un illusionniste. Il vous a vendu de la pensée magique. Croyez-moi, pour un homme, il n'y a que deux choses vraiment importantes en ce monde, c'est l'argent et les femmes. »

Ce langage étonna le jeune homme, d'autant plus qu'il provenait de la bouche d'un gamin. Il avait beau avoir six ans et 5111 jours ou quelque chose comme ça, et donc 21 ans, tous ses cheveux (blonds) et toutes ses dents (blanches), ce n'était pas très idéaliste, ni très romantique pour une personne de son âge.

Le jeune homme pourtant accepta de prendre la Fiole des Mérites que lui tendait Leonardo.

Il porta sa main vers son bouchon pour l'ouvrir, nota qu'il était différent de celui de la première fiole qu'il avait vu, il était noir et il y avait des serpents dessus.

Mais bon…

Il le fit tourner quand même, regarda le liquide dans la fiole.

Il était doré et pétillant comme du champagne.

Donc forcément attirant.

Il approcha la fiole de ses lèvres.

Vit que le gamin souriait.

Avec une trop grande, avec une suspecte anticipation ?

Ce détail éveilla une méfiance dans son esprit.

Il pensa alors au deuxième conseil que lui avait donné le millionnaire avant la dernière des épreuves des Travaux d'Hercule de l'Esprit : qu'il lui faudrait faire preuve de discernement.

C'était peut-être le temps.

Il repensa à la Vie de Rêve qu'il avait vécue.

Même pas une seule journée.

Mais assez pourtant, pour en perdre le goût.

Il rendit la fiole au gamin.

«Je...je vous remercie... mais je préfère une autre vie que la Vie de Rêve.

Débouté, le gamin reprit la fiole.

Alors le jeune homme trouva que ses yeux avaient quelque chose de différent, de dur, de presque méchant.

Et il eut un frisson.

Il ne lui avait jamais vu pareille expression.

On aurait dit que ce n'était pas Leonardo qui se tenait devant lui.

Cependant les trois chiens qui semblaient reprendre leur contenance, décrivaient autour du banc du prince des cercles de plus en plus étroits, comme s'ils s'apprêtaient à attaquer le jeune homme. Ou Leonardo. Ou les deux.

Le gamin dit alors :

«Cette fiole a d'autres mérites que vous accorder la Vie de Rêve. Si vous la buvez, vous pourrez parler à votre père.

— Parler à mon père ? Mais c'est impossible, il est mort.

— Justement, vous pourrez parler aux morts. »

Le jeune homme savait que la chose était possible. Ou en tout cas, il aimait y croire. Il avait souvent entendu parler de médiums, de clairvoyants qui avaient cette mystérieuse faculté.

Il éprouvait une grande émotion maintenant, suffoquait presque.

Ça avait toujours été un de ses rêves de pouvoir parler une dernière fois avec son père, pour enfin savoir pourquoi il s'était enlevé la vie.

Et là, la vie, toujours fertile en rebondissements comme une habile romancière, lui offrait cette possibilité.

Que faire ?

Il reprit la fiole, l'approcha de ses lèvres.

Mais juste au moment de la boire, il nota un détail de la tenue du gamin qui le fit tiquer.

19

Le gamin ne portait pas l'épinglette à la rose sur sa veste.

Le jeune homme lui dit d'une voix qui ne souffrait pas la contradiction :

« Vous n'êtes pas Leonardo, vous êtes un imposteur ! »

Et ce disant, il jeta la fiole sur le sol.

Elle se brisa.

Et son contenu brûla l'herbe, comme si ça avait été de l'acide qu'elle contenait.

Le faux Leonardo protesta de son innocence.

Mais bientôt, on aurait dit qu'il jappait comme un chien.

Et bientôt, il se transforma en un chien.

Le quatrième chien.

Un chien noir, aux yeux rouges de colère et de haine.

Il tenta bien avec ses trois compagnons d'intimider le jeune homme, mais ce dernier demeura imperturbable.

De guerre lasse, les quatre chiens repartirent en courant vers cette partie de la roseraie d'où ils étaient arrivés, néant d'où proviennent toutes nos peurs comme toutes nos angoisses, et où meurent tant de nos rêves, surtout les plus beaux, surtout les plus fous.

Épuisé par cette épreuve, le jeune homme resta un moment assis sur le banc du prince.

Pendant un moment, il pensa à la force étonnante des mots.

Le docteur Hong l'avait rendu « malade » par son faux diagnostic, en tout cas l'avait plongé dans l'angoisse la plus grande de sa vie – et lui venait de transformer le faux Leonardo en chien en lui criant simplement qu'il était un imposteur.

Il ne faudrait jamais qu'il oublie cette puissance.

Il se sentait apaisé, il se sentait bien, il se sentait heureux.

Il sentait surtout qu'il avait pris la bonne décision.

Mais cette accalmie de son âme fut de brève durée.

Il avait surveillé, jusqu'à leur disparition, la fuite des quatre chiens.

Mais il en vit bientôt un autre qui arrivait.

De la même direction.

Il était de plus forte taille que les quatre autres.

En fait au moins deux fois plus grand.

Et plus il s'avançait vers le jeune homme, plus ce dernier voyait qu'il était fabuleux.

En fait il avait des ailes immenses.

Deux ailes immenses et dorées.

Avec sur le dos une sorte de toison.

Dorée.

C'était le Bélier de la Toison d'or !

Sans trop savoir pourquoi, le jeune homme ne le craignit pas.

Comme si, même, il avait attendu sa venue depuis longtemps.

Depuis toujours.

Une petite voix intérieure lui murmurait qu'il devait s'abandonner à cette expérience bizarre et mystérieuse.

Qu'il fallait que ces choses adviennent !

Le Bélier à la Toison d'or et aux grandes ailes fonça dans son front et sembla y disparaître.

Et alors un voile descendit sur ses yeux.

Et le monde du dehors disparut pour lui.

Note: J'ai tenté de décrire du mieux que j'ai pu, par cette fable un peu étrange et parfois alambiquée, je n'en disconviens pas, cette métamorphose que j'ai moi-même vécue à l'aube de mes 20 ans. Dans un rêve, comme suite d'une longue ascèse, et d'un certain découragement devant la trop grande difficulté de la tâche, un cheval aux immenses ailes blanches me vint en aide: il fonça vers moi et entra dans ma tête par la fenêtre de mon front. Lorsque je m'éveillai, le lendemain matin, j'étais transformé, et je songeai qu'il me fallait devenir romancier.

20

Lorsqu'il se réveilla de ce sommeil qui était aussi un éveil, qui était l'Éveil, ou comme disent les bouddhistes, l'entrée dans le courant, le jeune homme était encore assis sur le banc du prince, mais il se sentait comme un roi.

Oui, il se sentait comme un roi.

Mais il se sentait aussi comme un enfant.

Il ressentait une légèreté, un calme, un bonheur qu'il n'avait jamais connus.

Il avait cette bizarre et pourtant naturelle sensation qu'il était rentré à la maison, qu'il avait retrouvé l'état véritable qui était le sien depuis toujours et qu'il avait simplement oublié.

Il contemplait les roses, et il éprouvait de la joie…

Il regardait les nuages, et il éprouvait de la joie…

Il respirait, et il éprouvait de la joie…

Il était assis sur le banc du prince, et il éprouvait de la joie…

Partout où il regardait, il était ébloui.

Car maintenant et pour toujours, vu en lui cette mystérieuse ouverture, partout où il regardait, il voyait la Toison d'or, ce que Ramakrishna appela la Vallée de lumière qu'il vit à son initiation.

En sortant du jardin, après il ne savait combien de temps à avoir simplement été là, *Being There* (il avait finalement écouté son père !), le nez frémissant du parfum des roses, la tête dans les nuages, l'œil infiniment clair, son souffle si calme et si vaste qu'il semblait presque arrêté, il ne se soucia pas de lire l'heure sur l'Horloge du Temps présent.

Pourtant, elle marquait midi.

Son aiguille unique avait enfin accompli sa première révolution !

Le jeune homme avait oublié son but, mais, par le paradoxe mystérieux de l'esprit humain, il l'avait atteint.

QUATRIÈME PARTIE

La Vie Magique

1

« Patron, patron ! C'est une grande bénédiction du ciel ! », s'écria le gardien en entrant dans la salle de musique où le millionnaire se trouvait.

Il y avait un piano à queue, le buste de plusieurs grands musiciens des siècles passés, des instruments anciens.

« Je sais, je sais, Polyphème », fit le millionnaire à son fidèle gardien.

Oui, il savait ce que Polyphème venait de lui annoncer, car escorté par Adèle, David de Bormes était entré juste derrière lui dans la salle de musique, et le millionnaire pouvait voir, à son air, ce qui s'était passé en lui, et qui expliquait la liesse du gardien.

« Vous pouvez me laisser, maintenant. »

Le gardien inclina la tête et voulut se retirer, mais le millionnaire lui dit alors :

« Vous devriez appeler Philomène. »

Philomène, c'était sa naine, le grand amour de sa vie.

« Vous croyez ? s'enquit le gardien du jardin.

— Oui, je crois et dites-lui de venir dîner à la maison ce soir.

— Mais si elle dit non ?

— Mais si elle dit oui…

— Si vous le dites. »

Enfin il se retira. Adèle aussi. Le millionnaire se retrouva seul avec le jeune homme et dit :

« Je vous félicite. Vous avez réussi. Vous êtes entré dans la Vie Magique.

— C'est… comment dire… je ne trouve pas les mots… c'est plus extraordinaire que je pensais…

— Je sais… Et ce n'est que le début. Votre véritable grande aventure commence. Venez, je voudrais vous faire un cadeau.

— Un cadeau ?

— Pour avoir fait preuve de discernement et ne m'avoir pas trahi. Même s'il a dû vous être difficile de résister à la tentation de revoir votre père.

— Oui, je dois admettre que… »

Il ne compléta pas son aveu. De toute manière il était évident.

« Venez, venez… »

Il l'entraîna vers la partie de la pièce où étaient entreposés les instruments anciens.

Parmi eux, il prit un objet qui parut curieux à David.

« C'est un cornet acoustique ayant appartenu à Beethoven, expliqua le millionnaire. Je l'ai acheté à la Maison Beethoven à Bonn pour 3 millions d'euros, car le musée éprouvait des difficultés financières, le public l'ayant hélas déserté pour des joies moins élevées.

— Et il sert à quoi ?

— À deux choses bien utiles, quoique bien mystérieuses. Il est connu que Beethoven devint rapidement sourd, et devait user de ce type de cornet pour pouvoir entretenir une conversation. Mais il s'en servait aussi pour écouter la Musique des

Sphères et composer ses symphonies, surtout la dernière, l'*Ode à la Joie*.

— Hum…

— Ce cornet permet aussi d'entendre la musique de chaque être.

— La musique de chaque être ?

— Oui, chaque être a une musique, si vous tournez ce cornet vers quelqu'un, et que vous écoutez, vous entendrez sa musique.

— Vraiment ? Et moi, dites-moi, quelle est ma musique ? »

Le millionnaire porta la petite partie du cornet à son oreille et dirigea l'autre vers le jeune homme.

Il s'assit au piano, et joua alors, avec beaucoup de dextérité et aussi de facilité l'*Arabesque n° 1* de Debussy, malgré la difficulté de la pièce.

David était ahuri : c'était son morceau préféré ! Au beau milieu d'une mesure, sa démonstration étant faite, le millionnaire s'arrêta de jouer et dit :

« Le cornet de Beethoven possède aussi une autre vertu et c'est un peu pour ça que je vous l'offre. Parce que vous avez fait un sacrifice et avez fait preuve de beaucoup de discernement.

— Je ne vous suis pas.

— Pour ne pas me trahir, vous avez accepté de ne pas parler à votre père, même si vous en mouriez d'envie. »

Le jeune homme était troublé : le millionnaire savait aussi ça, la tentation à laquelle le faux Leonardo l'avait soumis. Mais il ne voyait toujours pas où il voulait en venir, et il le lui avoua :

« Je vous suis encore moins.

— Il vous suffit de prononcer le nom de la personne décédée que vous voulez contacter, de tourner le cornet vers le ciel et d'écouter.

— Vraiment ? »

David s'approcha, le millionnaire lui remit le cornet.

Il s'empressa de le tourner vers le ciel, ou plutôt le plafond, et de dire : « Papa ? »

Il entendit une voix qui aussitôt lui répondit : c'était la voix de son père !

« C'est toi ?

— Oui… »

Une grande émotion montait en lui.

« Oh ça fait drôle d'entendre ta voix, papa.

— Ça fait drôle d'entendre ta voix aussi.

— Mais… tu… tu vas bien ?

— Oui, honnêtement, je vais bien… la mort est, comment dire… juste un état d'esprit… qui n'a pas changé grand-chose à ma vie… notre esprit nous suit partout comme notre ombre… Mais je me suis débarrassé de cette idée de devenir comédien… j'ai un nouveau travail que j'aime…

— Je suis curieux, tu fais quoi ?

— C'est un peu ironique, et en fait pas vraiment, car j'ai une certaine expérience, si je peux dire. J'aide les jeunes gens qui se sont suicidés à leur faire comprendre leurs erreurs.

— Hum, intéressant… »

En fait, dans son nouvel état d'esprit, le jeune homme trouvait surtout que c'était beau, que ça démontrait la sorte de perfection de la Vie, que tout avait un sens, tout était utile, tout s'expliquait à la fin, malgré nos révoltes du moment, toujours hâtives et inutiles, malgré nos chagrins qui finissent toujours par passer.

Après cette brève méditation spontanée – vu l'Éveil, il en avait maintenant presque chaque minute, car il entrait à volonté dans la Caverne d'Ali Baba de son esprit, même, il était cette caverne – il dit :

« Tu aides les jeunes suicidés, mais toi, papa, pourquoi as-tu fait ça ? »

D'abord, son père dit simplement :

« Je ne m'aimais pas. »

Et au bout d'un moment, il ajouta :

« Et aussi, à 16 ans, tu arrivais à l'âge où un enfant comprend que son père n'est pas un héros, je ne pouvais pas vivre avec l'idée que tu perdrais tes illusions à mon sujet, que tu comprendrais que j'étais juste un comédien raté.

— Je ne voudrais pas ajouter à ton chagrin, papa, car je vois bien, depuis ce midi, que tout arrive pour une raison, mais moi je ne trouvais pas que tu étais un raté, papa. Ton succès, je m'en foutais, je veux dire je ne m'en foutais pas, j'aurais aimé que tu aies du succès, mais pour moi ce n'était pas très important, j'aurais juste aimé être avec toi, passer plus de temps avec toi...

— Je sais, je sais, mais je voulais que tu me croies un homme occupé, pour ne pas que tu devines que je ne l'étais pas.

— Je comprends, et je ne t'en veux pas. Il fallait que les choses arrivent ainsi. Tu m'avais choisi, je t'avais choisi. Dans toutes les fausses familles où j'ai passé mon enfance, j'ai appris cinq langues, j'ai appris à penser, j'ai appris à vivre seul. Et comme j'ai sans le savoir suivi tes traces comme comédien, j'ai abouti au Ritz, où j'ai pu rencontrer le millionnaire qui m'a fait connaître la Vie Magique. Comme tu vois, tout est parfait.

— Tu penses vraiment ce que tu dis ? Je veux dire, tu ne m'en veux pas ?

— Non, je ne t'en veux pas, tu apprends à être mon père, j'apprends à être ton fils.

— Oh si tu savais le poids que par ces mots tu enlèves sur mes épaules : je serai désormais plus heureux parce que tu as dit ça. »

Une pause, puis David disait, l'oreille toujours collée au merveilleux et utile cornet de Beethoven :

« Tu me manques, papa.

— Toi aussi, tu me manques, mais chaque fois que tu veux être avec moi, c'est simple, va dans le vaisseau d'or que la petite couturière de Dieu a placé dans ton cœur, je serai là. »

Le jeune homme eut un étonnement malgré son éveil nouveau, ou pour mieux dire un émerveillement devant la Vie. Ainsi donc, son père connaissait la petite couturière de Dieu et savait le mystérieux ouvrage qu'elle avait accompli dans son cœur.

« Être père, être fils, poursuivit son père, ça ne s'arrête pas comme ça. L'amour vrai, ce n'est pas quelque chose dont on se débarrasse comme un mal de tête avec un cachet d'aspirine. On a raté notre premier chapitre, à cause de moi. Mais il y a tous ceux qui suivent. On se reverra, je sais. Car ceux qui s'aiment se suivent partout dans tout l'univers. »

David médita cette sagesse paternelle.

« Je dois partir maintenant. Une urgence, comment dire, céleste. Un jeune homme qui a fait la dure découverte du monde du travail après avoir passé toute son adolescence devant ses jeux vidéo : il s'est jeté devant un wagon du métro. Ce qui vient de le conduire à mon bureau.

— Hum, ça ne devait pas être bien beau.

— Non, mon assistant me montre justement les photos.

— Alors je te laisse, papa. Je t'aime.

— Je t'aime aussi, cher fils. »

Encore tout à son émotion, le jeune homme tendit le cornet de Beethoven vers le millionnaire, croyant qu'il lui était devenu inutile.

« Non, je vous ai dit, vous pouvez le garder.

— Ah, merci ! »

Il le mit dans sa poche.

« Qu'allez-vous faire maintenant ? lui demanda ensuite le millionnaire.

— Je crois que je vais tenter d'aider les gens comme vous m'avez aidé.

— Puis-je vous donner un conseil ?

— Oui, bien sûr.

— Enseigner la Vie Magique n'est pas chose aisée. Je sais que si chacun comprenait ce que Jésus a dit : *Trouvez d'abord le Royaume de Dieu, tout le reste vous sera donné par surcroît,* tout le monde choisirait la Vie Magique. Mais beaucoup sont appelés et peu sont élus. Mais la Vie de Rêve est bonne aussi et vaut mieux que la Vie Ordinaire.

La Vie de Rêve permet de développer les qualités intérieures qui seront utiles et même nécessaires dans la vie suivante : des qualités comme le courage, la persévérance, la vaillance, l'optimisme, la discipline, la générosité. »

Une pause, et le millionnaire disait encore, et ça ressemblait à une prophétie :

« Ne vous inquiétez pas de votre sort : tout ce que vous toucherez se transformera en or, vous saurez tout sans l'avoir jamais appris, car la porte de votre esprit est ouverte maintenant et elle ne se refermera jamais plus. Cela dit, je dois vous prévenir, malgré votre talent : enseigner n'est pas chose aisée. Car c'est donner. Et pour réussir à donner, il faut que quelqu'un accepte de recevoir. Les deux sont un art. "Veux-tu vivre heureux ? a dit le grand poète allemand Gœthe, voyage avec deux sacs : l'un pour donner, l'autre pour recevoir." Mais la plupart des gens ont autant de difficulté à donner qu'à recevoir. Et encore plus à recevoir, je crois. Souvenez-vous de notre expérience au Ritz quand il nous a fallu donner votre million de dollars. Si nous n'avions pas eu de chance, nous serions encore là en train de tenter de donner cet argent. »

2

Il est vrai que le millionnaire lui avait donné des instructions précises pour que les étrangers puissent bénéficier de son étonnante générosité.

Au lieu de dire, comme un mendiant : « Donnez-moi de l'argent, s'il vous plaît ! » Il devait dire :

« Combien d'argent aimeriez-vous que je vous donne ? »

Et il fallait que la réponse soit précise.

Et la personne n'avait droit qu'à une seule demande, sa première demande.

Ensemble, le millionnaire et le jeune homme se remémorèrent cette scène :

Une quadragénaire qui avait déjà l'air de 60 ans vu ses déplorables habitudes cigarettières, et qui portait des souliers troués et un manteau d'homme trop grand pour elle (et plutôt surprenant en ce chaud mois de juillet) dit, surprise que le jeune homme lui eût offert de l'argent avant qu'elle en demande :

« Euh comme vous voulez…

— Non, il faut que vous me demandiez un montant précis. Sinon je ne pourrai rien vous donner.

— Euh… Vingt dollars.

— D'accord. »

Il lui signa un chèque de cette somme.

Elle sourit, ravie, puis se renfrogna, et déplora :

« J'aurais pu vous demander plus, beaucoup plus, n'est-ce pas ?

— Oui. »

Elle garda quand même le chèque, remercia le jeune homme et passa son chemin.

Il fit d'autres petits dons, le plus important étant de 500 $.

Il y avait loin de la coupe aux lèvres.

Le jeune homme commençait à trouver le temps long, il n'était pas près de se débarrasser de son million.

Un petit garçon d'une dizaine d'années, témoin de sa générosité, vint le trouver. Il semblait triste, pour ne pas dire bouleversé :

« Mon père est parti avec sa secrétaire. Ma mère a de la peine, elle dit : "On va devoir vivre dans un trois et demie, et ton père va garder la maison de 400 000 $ que je l'ai aidé à payer pendant 10 ans."

— Oh, je vois fit le jeune homme. Combien aimerais-tu avoir ?

— Ben assez d'argent pour acheter à ma mère une maison comme mon père.

— 400 000$ si je comprends bien ?

— Oui. »

Il lui signa le chèque faramineux, le lui remit. Le petit garçon ne sauta pas de joie devant si folle et si surprenante générosité surtout de la part d'un parfait étranger et dit d'une voix calme :

« Merci, monsieur. Ma maman va être contente.

— Je l'espère bien. »

Une femme de 40 ans vint débarrasser le jeune homme de ce qui lui restait de son million ou à peu près.

Elle semblait dépressive, suicidaire, très belle au demeurant.

« Vous... avez l'air bien triste, dit le jeune homme.

— C'est la faute de la loi d'attraction.

— La loi d'attraction ?

— Oui, j'ai attiré mon propre malheur. Et à cause de ça, j'ai perdu l'homme de ma vie, et ma meilleure amie, qui est partie avec et j'ai aussi perdu ma maison et mon emploi. »

Dévastatrice, cette loi ! pensa le jeune homme comme par-devers lui ! Mais la femme ajouta, contre toute attente :

« Mais je crois à la Vie. Et je crois encore plus fort à la loi d'attraction, justement à cause de ce qui vient de m'arriver.

— Euh, je… Combien d'argent aimeriez-vous que je vous donne.

— Vous me demandez combien d'argent j'aimerais que vous me donniez ?

— Oui, exactement.

— C'est facile. »

Elle crut qu'il plaisantait bien sûr, mais voulut quand même le prendre au mot. Et d'ailleurs elle semblait parfaitement préparée à cette surprenante question, car en effet elle tira aussitôt de sa poche, comme une magicienne, un chèque qu'elle montra au jeune homme. Il était de 500 000 $, paraphé à son nom, et signé de sa propre main.

Il regarda le chèque, en signa un du même montant et à son nom, soit 500 000 $ et le lui remit.

Les yeux de la jeune femme s'arrondirent lorsqu'elle en vit le montant.

Elle empocha aussitôt le chèque, comme si elle avait craint que le jeune homme ne le lui reprenne. Puis elle l'embrassa, embrassa le millionnaire et, en sautant de joie, s'exclama :

« Je savais que la loi d'attraction marchait, je le savais ! »

Et elle partit le cœur léger.

Évoquant ces souvenirs, le millionnaire et le jeune homme sourirent de ces bonheurs petits et grands qu'ils avaient procurés à ces étrangers et des leçons de vie qui étaient venues avec, comme l'amande, lorsqu'on en a vaillamment rompu l'écaille.

Le millionnaire dit :

« J'ai une petite surprise pour vous.

— Une petite surprise ?

— Oui, venez à sept heures à la salle à manger. »

3

Il n'y avait pas juste une petite surprise.

Il y en avait deux. Et même trois, et même quatre…

En fait, il aurait été difficile d'en faire le décompte exact.

Le jeune homme, pourtant parfaitement ponctuel, fut le dernier à arriver à la salle à manger.

Il y avait un petit comité d'accueil composé du millionnaire bien sûr, de son chauffeur Edgar, mais aussi du docteur Hong, avec sa svelte silhouette et son sourire de surdoué diplômé de Harvard, d'Adèle toujours dans les meilleures dispositions du monde envers… tout le monde, du gardien Polyphème qui était accompagné d'une naine, une blondinette fort jolie et qui cependant appuyait un peu fort sur le fard à paupières et portait des talons si hauts qu'ils trahissaient bien sûr sa gêne d'être si courte.

Lorsqu'il aperçut le gardien, le jeune homme lui montra discrètement le pouce, comme s'il y avait quelque espoir de réconciliation entre la naine et lui, et que leur amour pourrait un jour grandir, si j'ose dire, grâce aux bons soins du docteur Hong et aux conseils du millionnaire.

Le géant croisa discrètement les doigts : il priait le ciel en espérant un miracle !

Il y avait aussi la petite couturière de Dieu.

Elle était belle, elle était douce, elle était elle.

Et ne transportait pas sa petite mallette avec deux ailes comme lorsque le jeune homme l'avait vue au jardin.

Il y avait aussi Leonardo, qui lui non plus ne transportait pas sa mallette ailée.

Et qui ne portait pas l'épinglette au revers de sa veste, mais à la place une rose.

David le regarda avec suspicion. N'était-ce pas le faux Leonardo qui avait tenté de le piéger ?

Il voulut s'en assurer.

D'autant que…

…que ce diable de gamin tenait en laisse trois mignons petits chiens, dont, par un curieux hasard, l'un était roux, (ou rouge ce qui revenait au même) l'autre blanc et l'autre pâle comme les bêtes déchaînées qui avaient failli le dévorer vivant alors qu'il était attaché, impuissant, sur le banc du prince.

Fort de cette assurance extraordinaire que confère à tout être la vision de la Toison d'or, David de Bormes marcha d'un pas résolu vers Leonardo, vrai ou faux, dans l'intention de le confronter, de lui dire sa façon de penser.

« Qui êtes-vous ?

— Je suis ce que vous croyez que je suis. N'avez-vous pas lu, dans le *Grand Livre de la Chance*, que le monde était une réflexion de votre esprit ?

— Vous ne portez pas votre épinglette avec la rose ! »

Avec un sourire fin, le blond gamin dit :

« Mais bien sûr que je la porte. Voyez ! »

Il retira illico la rose du revers de sa veste, et l'épinglette apparut.

Et alors, pendant une fraction de seconde, comme venues d'une région fort lointaine de son être, des pensées envahirent l'esprit du jeune homme.

Des pensées qui lui suggéraient que peut-être le faux et le vrai Leonardo étaient une seule et même personne (les charmants petits chiens n'en étaient-ils pas la preuve ou plutôt l'indice ?) et que tout ce qui s'était passé dans le jardin n'était qu'une habile et aussi machiavélique mise en scène du millionnaire pour lui faire passer le test ultime qui lui permettrait de voir enfin, du moins s'il le réussissait, la fameuse Toison d'or ?

Il n'eut pas le temps de trancher cette question qui du reste ne l'angoissait guère comme presque toutes ses pensées récentes, car son esprit agité (selon la lucide description du millionnaire), était depuis l'Éveil un cheval apaisé : il était devenu son véritable cavalier.

« Mais vous, vous ne portez pas votre épinglette ? demanda le gamin blond

— Euh…

— Il est justement ici, ce soir, pour la recevoir », décréta alors le millionnaire qui s'immisçait commodément dans la conversation.

Le jeune homme se retourna, aperçut le vieux philosophe qui tenait une épinglette avec une rose, en tout point identique à celle qu'il portait. Et que portait le gamin.

Tout le monde s'approcha, car tout le monde semblait savoir ce qui allait se passer.

Le millionnaire dit, en mettant l'épinglette à la boutonnière du jeune homme :

« Par cet insigne, David de Bormes, orphelin de père, abandonné par votre mère, comédien sans rôle et sans le sou, modeste chasseur au Ritz de votre apparent état, mondain mais non pas divin, car vous êtes un travailleur associé à Dieu depuis peu, entrez aujourd'hui et pour toujours dans l'Ordre Ancien et Vénérable de la Rose, car vous avez accumulé des mérites passés en nombre assez grand, vous avez accompli les Travaux d'Hercule de l'Esprit qui vous ont permis de conquérir la Toison d'or. Soyez toujours à la hauteur de cet honneur et de ce privilège, en servant constamment les autres. Car c'est ainsi et seulement ainsi que vous avancerez sur le Chemin de la Vie.

— Je… je ne suis pas sûr de comprendre ce qui m'arrive, mais je l'accepte de tout cœur, de tout cœur, et j'ai une pensée de reconnaissance pour Edgar, pour Anèse, je veux dire Adèle (elle sourit, consciente qu'il ne faisait que la taquiner) pour le docteur Hong et ses surprenantes méthodes, pour Leonardo et la Fiole des Mérites, et autres illusions de son sac à malices peut-être (le gamin blond se contenta d'esquisser un sourire équivoque) pour la petite couturière de Dieu, qui a accompli cet exploit de me réparer le cœur, pour le gardien du jardin et sa charmante fiancée Philomène (Polyphème, ravi, lui leva aussitôt un pouce reconnaissant, cependant que sa douce moitié (peut-être) fronçait ses sourcils – trop maquillés – devant cette complicité qu'elle découvrait.) Vous étiez tous nécessaires, vous étiez tous parfaits sur mon chemin. »

David marqua une pause, et reprit :

« J'ai aussi une pensée pour mon père, pour ma mère, que je n'ai pour ainsi dire jamais connus. Mais que j'aime. De tout mon cœur. Ils avaient leurs raisons, ils avaient leurs malheurs. Pourtant aujourd'hui, je suis heureux.

« Je suis heureux en raison d'un homme, un homme pour qui j'ai une pensée immense, vous l'avez reconnu bien sûr, le millionnaire, qui est ma vraie mère, qui est mon vrai père. »

Une petite pause bien pensée, et en touchant sa blonde et abondante chevelure, il fit une conclusion de ce discours improvisé, mais non sans un certain talent, car il venait directement de son cœur :

« Et j'espère surtout que cet honneur ne me donnera pas autant de cheveux blancs qu'au millionnaire ! »

Tout le monde rit, puis tout le monde applaudit. Et il y en avait plusieurs qui avaient les larmes aux yeux, et il aurait été malaisé de dire si c'était parce qu'ils avaient pleuré ou parce qu'ils avaient ri.

Peut-être les deux.

Pour ne pas être en reste, les trois petits chiens de Leonardo s'étaient mis à japper.

Il lui fallut les calmer.

Ensuite du champagne fut servi.

Ni Leonardo ni la petite couturière de Dieu n'en burent une seule goutte, car l'intempérance, même légère, était ennemie de leur éternelle jouvence. Le millionnaire, pour sa part, ne fit que tremper ses philosophiques lèvres dans sa coupe, car il était sobre, en vins, comme en aliments, mais il voulait quand même célébrer la victoire de son protégé.

« Je suis fier de toi, avoua-t-il au jeune homme.

— Oh, merci, merci de tout cœur. Je ne sais comment vous remercier.

— Vous l'avez déjà fait, en parvenant à voir la Toison d'or. J'aime à penser que j'y ai été pour quelque chose, même si au fond c'était votre destin. »

David de Bormes pensa que le vieux philosophe était bien modeste.

Il vit ensuite qu'il était encore plus généreux qu'il n'avait cru, car il lui lança alors un trousseau de clés.

« Je… je ne comprends pas. Où allons-nous ?

— Moi, je reste ici, vous, vous allez où vous voudrez. C'est un petit cadeau pour que vous partiez du bon pied dans votre nouvelle vie. »

Au volant de la Porsche décapotable, comme le millionnaire se trouvait debout près de la porte du conducteur, le jeune homme lui demanda :

« Je ne suis pas inquiet au sujet de mon avenir, même si je dois vous avouer que je n'ai aucune idée de ce que je vais faire.

Je me sens une curieuse insouciance, une nouvelle confiance, un amusement étonnant puisque je ne suis devant rien. Mais je me demandais, et puisque vous êtes là je vous le demande par la même occasion, je veux aider certes, mais de quelle manière ?

— Il n'y a que l'intention qui compte, l'intention de Bonté, ai-je envie de dire, et comme elle est désormais en vous, vous serez guidé par le Ciel. Rappelez-vous ce que Jésus a dit : *Trouvez d'abord le Royaume de Dieu, tout le reste vous sera donné par surcroît*. Vous avez trouvé la Toison d'or, alors toutes les choses se feront naturellement, comme par magie, par enchantement. Là où vous serez, sera l'endroit où vous devrez être. Les êtres avec qui vous vous trouverez seront les êtres que vous devrez aider, et qui à leur tour vous aideront : c'est le retour d'ascenseur de Dieu.

— Le retour d'ascenseur de Dieu… Bonne chose à savoir pour un chasseur du Ritz, qui doit tout savoir au sujet des ascenseurs.

— Très vrai, approuva le millionnaire, et il souriait.

— Alors si je vous comprends bien, je devrais d'abord aller au Ritz.

— Pourquoi pas ? Après tout, c'est là que toute votre aventure a commencé, non, avec monsieur Guy, Jean le Voyou, Leonardo, le docteur Hong… Et vous portez encore votre uniforme de chasseur.

— Allons-nous nous revoir ?

— Si Dieu le veut. Et si je vous manque, il y a toujours, comme vous a suggéré votre père, le vaisseau d'or dans votre cœur placé par la petite couturière de Dieu.

Le jeune homme regarda le millionnaire sans rien dire.

Le millionnaire regarda le jeune homme sans rien dire.

Il y avait de la tristesse, mais aussi de la joie dans leurs yeux.

David de Bormes appuya sur l'accélérateur.

La Porsche s'éloigna, avec son ronronnement musical.

En passant devant la roseraie, à la porte de laquelle Polyphème était retourné en faction, mais cette fois-ci avec Philomène, le jeune homme pensa aux Travaux d'Hercule de l'Esprit qu'il avait accomplis.

Il n'en était pas peu fier.

Et pourtant, ce qui occupa surtout son esprit en ce départ du manoir, ce fut simplement le souvenir d'avoir été dans le jardin, avec le vieux millionnaire, à parler et à arracher des mauvaises herbes.

4

Le vieux philosophe avait dit à David de Bormes qu'il serait bien qu'il retourne au Ritz.

Alors il y retourna.

En route, il pensa à Platon, qui, dit-on, après avoir rencontré Socrate, brûla ses tragédies et consacra sa vie à la philosophie.

Il se dit que peut-être il n'avait plus envie d'être comédien. Enfin, il verrait, ça ne lui semblait plus très important. Il se sentait trop bien pour avoir envie de penser à son avenir.

Il pensa aussi à quel point sa vie avait changé depuis qu'il avait rencontré le millionnaire.

Il regarda, à son poignet, la Rolex ayant appartenu à Eric Clapton, sur la banquette du passager, le cornet de Beethoven, et surtout, sur son costume de chasseur, l'épinglette à la rose, signe qu'il avait enfin pu voir la Toison d'or.

Au Ritz, monsieur Guy l'accueillit, comme le premier jour, et lui dit :

« *Looking good*, cher baron de Rothschild.

— Tout le monde paraît bien dans une Porsche neuve, même ceux qui paraissent mal. Et même ceux qui paraissent bien paraissent mal dans une vieille Honda rouillée.

— Vous êtes en feu, ce soir, cher baron. Vous avez fait de bonnes affaires aujourd'hui ?

— Si on veut, si on veut.

— C'est joli, la petite épinglette que vous portez. »

Un peu curieusement, David eut l'impression que monsieur Guy savait sa signification. Mais il n'en fit pas mention. Il dit simplement :

« Un cadeau du millionnaire.

— Ah, je vois. »

Et il ajouta :

« Il y a une dame ici qui va être bien contente de vous voir.

— Vraiment ? », fit David.

Il pensa tout naturellement que c'était la princesse Visconti, et il eut un émoi : malgré l'éveil, il avait encore des sentiments pour elle.

« Oui, elle est au café. »

Le jeune homme s'y rendit aussitôt.

Ce n'était pas la princesse Visconti qui s'y trouvait, assise près du piano, mais la vieille et touchante Violette Rose. Il éprouva une certaine déception.

Mais une petite voix intérieure lui murmura qu'il devait lui parler, que c'était important pour la suite des choses dans sa vie. Ou peut-être simplement ne voulait-il pas la décevoir. Elle était si attendrissante.

Avant de s'approcher, il prit à David l'idée de tester sur elle les vertus du cornet de Beethoven qu'il avait glissé dans sa poche avant de rentrer au Ritz.

Il le tendit vers elle, et aussitôt entendit l'andante du *Concerto n° 21 pour piano* de Mozart.

Il remit le cornet dans sa poche, s'approcha d'elle.

« Oh vous ici, fit la vieille dame vraiment heureuse de le revoir. C'est drôle, je pensais justement à vous. Vous voulez bien me jouer un petit quelque chose.

— J'allais vous le proposer... »

Il s'assit au piano, joua les premières notes de l'andante fameux.

Aussitôt, la vieille dame eut les larmes aux yeux.

David arrêta de jouer, demanda :

« Mais... pourquoi pleurez-vous ?

— Parce que c'est mon morceau préféré, *Elvira Madigan*.

C'est ainsi que, depuis le succès du film suédois *Elvira Madigan*, qui raconte l'histoire d'amour tragique d'une acrobate de cirque et d'un soldat marié, cette pièce de Mozart avait été rebaptisée.

« Mais n'arrêtez pas de jouer, je vous en prie. »

Il s'exécuta. Quand il eut fini l'andante, Violette Rose lui demanda :

« Mais comment avez-vous pu deviner que c'était mon morceau préféré ? On se connaît à peine, c'est de la véritable magie.

— Je ne l'ai pas deviné. Je le savais.

— Hein, vous le saviez ? »

David lui montra alors le cornet de Beethoven et lui en expliqua la première vertu. Il lui parla aussi de sa seconde vertu, et proposa :

« Vous aimeriez parler à votre fils décédé ? »

Si elle aurait aimé parler à son fils décédé ?

D'abord elle ne le crut pas. Il se moquait d'elle. Pareil objet ne pouvait exister.

« Essayez, vous allez voir ! », suggéra-t-il.

Après une hésitation, elle porta enfin le cornet à son oreille. N'entendit rien. Haussa les épaules.

« Tournez-le vers le ciel ! »

Le ciel, dans ce cas, c'était le plafond blanc et or du Ritz. Se pliant à la demande de David, la vieille dame dit bientôt, même si elle se sentait un peu ridicule :

« Paul, tu m'entends ? »

Paul, c'était le nom de son fils.

Au bout de deux ou trois secondes, elle dit, bouleversée :

« C'est moi, maman… Je… Tu vas bien… Enfin si on peut aller bien quand on est mort… »

Elle écouta sa réponse, qui fut assez longue, puis se tourna vers David et la lui résuma, toute excitée :

« Il dit qu'il va bien, qu'il joue du piano du matin au soir et du soir au matin parce qu'il n'y a pas de nuit au Ciel. »

Elle dit ensuite à son fils :

« L'argent que tu m'as demandé la veille de… la veille de tu sais quand, j'ai été stupide de ne pas te le donner, je m'en veux tellement… et je sais que tu dois m'en vouloir… je voudrais juste que tu me pardonnes, je… »

Il dut sans doute l'interrompre : sa mort ne l'avait pas rendu poli. Ou alors il était trop pressé de la rassurer.

David ne sut jamais ce que son fils lui dit. Mais ça semblait être des mots gentils. Car Violette Rose se mit bientôt à sourire. Puis elle eut des larmes de joie.

Et son émoi fut bientôt si grand qu'elle laissa tomber le cornet de Beethoven.

Et elle resta comme hébétée, souriant aux anges.

David humecta une serviette de table, et se mit à lui éponger le front, la pressant de lui parler :

« Madame Rose, vous êtes OK, vous allez bien ? »

Au bout d'un moment, elle lui dit qu'elle allait bien.

Quand son chauffeur vint la chercher au café pour la ramener chez elle, elle semblait encore dans un état second, une sorte de béatitude.

Elle prit les mains de David et les embrassa en répétant :

« Merci, merci, merci pour toujours. »

Il trouva la formule curieuse, car on dit plus communément : merci pour tout.

On peut, dit-on, mourir de chagrin, mais peut-on mourir de bonheur ?

Violette Rose mourut deux jours plus tard, et David de Bormes l'apprit le surlendemain de son décès et de manière fort inattendue : par la bouche du notaire de la vieille dame qui lui annonçait du même coup que sa riche cliente lui avait laissé tout son argent, soit la rondelette somme de 25 000 000 $!

Oui, 25 millions de dollars !

David ne sauta pas de joie, ne s'évanouit pas d'émoi en apprenant sa fortune aussi nouvelle qu'inattendue, il eut pour ainsi dire une réaction philosophique qu'il ne confia pourtant pas au notaire étonné de son flegme.

Il pensa en effet à ce que le millionnaire lui avait dit plus d'une fois : *Trouvez d'abord le Royaume de Dieu, tout le reste vous sera donné par surcroît.*

Ayant conquis la Toison d'or, il avait acquis la richesse intérieure : celle, extérieure, suivait, comme si elle était irrésistiblement attirée vers ses mains pourtant bien peu ambitieuses depuis sa métamorphose au jardin du millionnaire.

Malgré sa richesse nouvelle, en sortant de l'étude du notaire, il retourna au Ritz, comme s'il avait le sentiment que le destin avait pour lui d'autres cartes dans sa main. Qui était peut-être la main de Dieu.

5

En voyant monsieur Guy à la porte, une inspiration lui vint. Il lui dit :

« N'en faites pas la publicité, mais je viens de recevoir une forte somme, plusieurs millions en fait, et je me disais, vous êtes un homme intelligent, très intelligent même, et vous avez sans doute des rêves, je veux dire il n'y a pas de sot métier, mais vous avez peut-être envie de mener un autre genre de vie que portier au Ritz, et si c'est le cas je pourrais vous aider, je veux dire vraiment vous aider à vivre vos rêves, à faire autre chose.

— Oh, c'est gentil, votre générosité me touche. Et en passant bravo pour cette fortune qui vous est tombée dessus. Je suis sûr que vous la méritez. Mais vous voyez, j'aime mon métier. Et je ne me considère pas comme le portier du Ritz. Je me considère comme le portier de Dieu. La Vie de Rêve, je l'ai déjà connue. Regardez… »

Il fouilla dans sa poche et en tira un petit livret qui était en fait un livret de banque et le remit à David en disant :

« N'en faites pas la publicité, mais regardez ceci ! »

Intrigué, David feuilleta le livret, arriva bientôt à la page où étaient inscrites les dernières transactions et surtout le solde : il s'élevait à la somme aussi fabuleuse qu'étonnante de 19 333 777,66 $.

« Vous valez plus de 19 millions de dollars ! fit-il ahuri par la découverte. Mais vous êtes le génie ultime du pourboire !

— C'est vrai que j'ai toujours eu la touche de Midas avec l'argent, mais la vérité est que je jouais à la Bourse avant de devenir portier au Ritz.

— Mais… je… je ne suis pas sûr de vous suivre, vous êtes indépendant de fortune et vous préférez quand même travailler ici, je…

— Ma place n'était pas là, elle est ici. Pour employer une expression à la mode, ce n'était pas ma mission de vie, la Bourse. Ici je suis bien, je n'ai pas de soucis, pas d'ennemis, je passe presque toutes mes journées à respirer le bon air, je regarde les nuages dans le ciel, les gens me donnent de l'argent, certains m'envoient des roses.

— Des roses ?

— Oui, parce que lorsqu'ils touchent ma main en me donnant un pourboire, mon énergie passe de mon cœur à leur cœur. Et je leur donne des conseils.

— Financiers ?

— Non, sur la conduite de leur vie, sur l'art oublié d'être heureux. Il y a beaucoup de détresse, même chez les gens riches.

— Vous m'étonnez, je… je suis… je suis curieux, où avez-vous appris cette sagesse ? »

Pour toute réponse, le portier retourna le revers de son uniforme.

Et David vit alors qu'il portait, avec une infinie discrétion, la même épinglette à la rose que lui, le millionnaire et Leonardo !

« Je comprends tout maintenant, mais racontez-moi…

— J'aimerais bien, dit-il en tendant le doigt vers quelqu'un derrière David, mais il y a ici une jeune personne avec qui vous aimerez mieux parler qu'avec moi.

— Hein ? »

David se retourna et alors il eut un émoi.

« Mon pourboire, lui dit monsieur Guy, vous oubliez mon pourboire ! »

Le jeune homme lui tendit distraitement un billet de 100 $.

Le portier de Dieu le remercia et s'inclina sans lui rendre sa monnaie, martingale une fois de plus à succès.

Le cœur de David de Bormes battait à tout rompre.

6

La princesse de Visconti était aussi belle que le premier jour. Peut-être encore plus que le premier jour.

David s'avança vers elle.

Elle s'avança vers lui.

« Tu… tu es revenue ? balbutia-t-il.

— Oui, je… je ne peux pas vivre sans toi. C'est stupide, je sais, et encore plus stupide de te le dire parce que les hommes, quand ils savent qu'ils nous ont, ils s'en vont. Mais j'aime mieux jouer cartes sur table que de le regretter pour le restant de mes jours. Qu'est-ce que tu en dis ?

— Je dis… Peux-tu vivre sans les millions que ta mère te retire, si tu lui désobéis.

— Oui… je m'en fous ! Je m'en fous de l'argent, je me fous de tout, de ma mère qui veut me marier à un prince chauve ou un banquier vieux et obèse, je me fous de ses millions, de son château, de ses amis aristos, de ma vie de princesse de mes fesses. Je t'aime.

— Tu es folle… »

Les larmes montaient aux yeux de David.

« C'est tout ce que tu as à me dire ? Que je suis folle ?

— Non, non... Je veux dire... C'est magique ce que tu viens de me dire. Et tu sais quoi, on a de la chance, nous deux.

— Oui, je sais, on de la chance de s'être rencontrés. On est jeunes, on a la vie devant nous, pour l'argent, on va s'arranger. J'ai été élevée parmi les gens riches et j'ai vite compris une chose : pas besoin d'être un génie pour faire fortune. Il faut juste de l'audace, croire en soi et foncer. Et ça aide évidemment de savoir un peu compter.

— Non, je veux dire, on a vraiment de la chance. J'ai hérité de plusieurs millions.

— Et tu es baron de Rothschild, je sais ! Arrête de dire des bêtises et viens tout de suite me faire l'amour dans la suite Grimaldi que j'ai jusqu'à ce que le Ritz se rende compte que je n'ai plus un rond pour les payer.

Elle le prit par la main, et l'entraîna à sa suite – c'est le cas de le dire !

Après qu'elle lui eut ouvert les bras – et ses cuisses et surtout son cœur follement amoureux – il prit une position qu'il n'avait pas prise pendant leurs ébats pourtant variés. Il se mit en effet à genoux devant elle. Elle s'intrigua :

« Je ne connais pas cette position-là. Tu veux que je te fasse quoi ?

— Rien... Juste que tu me dises ce que je veux entendre de ta bouche. »

Et il ouvrit l'écrin avec la bague à diamant dedans, qu'il avait toujours gardé sur lui sans savoir pourquoi, juste comme ça.

Et lui posa la question qu'on pose généralement lorsqu'on fait ce geste-là.

7

Le mariage eut lieu trois semaines plus tard au Ritz – *where else* ? –, devant 300 invités triés sur le volet, forcément.

Sauf si on exceptait les sans-abris et les enfants de la DPJ que David de Bormes, qui n'oubliait pas ses origines, avait eu le caprice d'inviter.

La princesse Visconti avait dit oui à cette extravagance qui risquait de choquer ses distingués invités.

Comme elle avait dit OUI, JE LE VEUX, ET TOUT DE SUITE, MON PAUVRE CHÉRI (elle disait le mot pauvre avec une conviction absolue !) lorsqu'elle avait vu la bague à diamant avant de remettre ça – ou plutôt de tenter de remettre ça – tout de suite avec lui.

Malgré sa jeunesse et sa sportive sveltesse, David lui avait demandé 20 minutes de répit !

Question d'être à la hauteur !

À la brillante réception arrosée du champagne le meilleur (qu'ils pouvaient s'offrir, je veux dire !) du Perrier-Jouët, pour ne pas le nommer, David de Bormes, comme tout futur mari qui se respecte trouva que sa future femme dépensait trop, pour des choses qu'il trouvait futiles. Mais comme elle était une princesse (avec les goûts qui venaient forcément avec) et que, surtout, sur la bouteille, il y avait des roses, il crut que c'était un signe du destin (un autre dont il faisait depuis peu la collection !) et se montra beau joueur, dit oui à cette coûteuse fantaisie.

On ne se marie qu'une seule fois après tout (enfin supposément), surtout à une princesse, même déshéritée !

À la réception arrosée à grands frais, donc, il y avait tous ceux que David souhaitait voir pour le jour le plus heureux de sa vie – si on exceptait celui bien entendu où il avait vu la Toison d'or, car aucun ne peut se comparer ni de près ni de loin à ce bonheur aussi intérieur que mystérieux.

Il y avait le millionnaire, Adèle et Edgar, Leonardo, et la petite couturière de Dieu, monsieur Guy qui, pour une fois, arborait son épinglette avec la rose.

Il y avait aussi le gardien du jardin avec sa naine. Qui n'était plus une naine.

Pas une géante certes, mais une très grande femme d'un mètre 83.

Ils faisaient maintenant un couple bien assorti.

Au bout du compte, Philomène avait suivi les conseils du millionnaire et appliqué la méthode du docteur Hong.

Qui se trouvait d'ailleurs à la réception et distribuait ses cartes de visite à chaque invité qui s'étonnait de son âge et de sa jeunesse.

Mais l'invitée dont la présence était la plus surprenante fut sans doute la mère de la princesse Visconti, une femme d'une jeunesse et d'une énergie remarquables : il faut dire qu'elle avait à sa (riche) disposition le meilleur chirurgien plastique du monde et les esthéticiennes les plus dispendieuses : il faut ce qu'il faut.

« Maman, tu… tu es venue ! dit la princesse Visconti qui suffoquait d'émotion.

— Oui, finalement, même si ton père n'était pas d'accord, mais on sait depuis Molière que c'est toujours le père qui s'oppose au choix de sa fille. Alors je me suis dit, il faut se tenir entre femmes. Je n'ai qu'une enfant après tout. Bien sûr, j'ai tes deux frères, mais ce sont des hommes, alors ils ne comptent pas vraiment, de toute manière ils font déjà leur vie et leurs conneries. La chose la plus importante pour moi, c'est le bonheur de ma seule fille.

— Oh ! maman, si tu savais ma joie de t'entendre dire ça, et surtout de te voir ici pour le plus beau jour de ma vie !

— Moi aussi je suis heureuse, ma fille. »

Et disant cela, elle pleurait. Puis elle ajouta :

« Comme je ne me suis décidée qu'à la dernière minute pour venir à la réception, je n'ai pas eu le temps de t'acheter un cadeau, mais je t'ai au moins trouvé une jolie carte aux Champs-Élysées. »

Elle la lui remit.

« Tu ne l'ouvres pas ?

— Euh après la réception, si tu ne vois pas d'objection, il y a tellement de monde ici, je ne voudrais pas...

— Tu devrais l'ouvrir. Je pense vraiment que ça va te faire plaisir. »

La réplique était quasi péremptoire.

La princesse Visconti ne voulut pas offenser sa mère.

Et ouvrit sa carte parisienne.

Et y trouva un chèque de 25 000 000 $!

Sa mère lui redonnait le petit fonds qu'elle lui avait retiré et qui lui servirait à faire son départ dans sa nouvelle vie ! De jeune mariée.

« Maman, tu es folle ou quoi, je t'aime tellement ! »

Sa mère était moins romantique qu'on pouvait le croire, plus pragmatique à la vérité.

Grâce à ses espions grassement payés qui surveillaient constamment sa fille et tous les hommes sur lesquels elle jetait, avait jeté ou jetterait possiblement son inquiétant et ruineux dévolu, elle avait appris que David de Bormes avait hérité de 25 000 000 $.

Et comme elle ne voulait quand même pas que sa fille soit moins riche que son roturier de mari, elle lui avait consenti ce don.